Silvio Brachetta

Teologia Epistemica

Silvio Brachetta

Teologia Epistemica

Necessità della capacità metafisica del teologo

Edizioni Sant'Antonio

Imprint

Cover image: www.ingimage.com

Publisher:
Edizioni Accademiche Italiane
is a trademark of
Dodo Books Indian Ocean Ltd., member of the OmniScriptum S.R.L Publishing group
str. A.Russo 15, of. 61, Chisinau-2068, Republic of Moldova Europe
Printed at: see last page
ISBN: 978-613-8-39368-9

Titolo proposto:

"TEOLOGIA EPISTEMICA"

Sottotitolo proposto:

"NECESSITÀ DELLA CAPACITÀ METAFISICA DEL TEOLOGO"

Dati autore:

Silvio Brachetta
Via P.P. Vergerio, 5
34138 Trieste
C. Fisc. BRC SLV 64H27 A577B
Cell. +39 349-5252196
E-mail: silvio.brachetta@libero.it

Curriculum breve

Diplomato in Scienze religiose nel 2008.
Giornalista pubblicista dal 2012, ha prodotto alcune centinaia di lavori, tra tesi, articoli, saggi e pubblicistica.
È nel Comitato di redazione dell'Osservatorio internazionale Cardinale Van Thuân sulla Dottrina sociale della Chiesa. Pubblica regolarmente brevi saggi sul Rapporto annuale e sul Bollettino dell'Osservatorio summenzionato, per le Edizioni Cantagalli.
Collabora dal 2010, in modo stabile, al settimanale diocesano "Vita Nuova" (cartaceo e online) della Diocesi di Trieste. Ha collaborato con i seguenti periodici: "Il Settimanale di Padre Pio", "Il Corriere del Sud", "Il Borghese".
Partecipa al programma "La Dottrina sociale della Chiesa, oggi" su Radio Maria, a cura dell'Osservatorio.
Ha tenuto una serie di trasmissioni su "Radio Nuova Trieste".
Docente di Dottrina sociale della Chiesa a Trieste, Lerici, Staggia Senese, Correggio e Bergamo.
È conferenziere e collabora con alcuni siti web.
Coniugato e libero professionista.
Campi di ricerca e d'interesse: dottrina sociale, teologia patristica e medievale, pensiero di San Bonaventura da Bagnoregio, teologia morale, filosofia classica e scolastica.

SULLA TEOLOGIA IN GENERALE

La teologia in ginocchio – parte prima

Non solo san Bonaventura da Bagnoregio si fa francescano, ma anche sant'Antonio da Padova, ad esempio, o il beato Cesario da Spira: già prima della morte di san Francesco d'Assisi, l'Ordine francescano si stava lentamente, stranamente, clericalizzando. E non si deve intendere "chierico" nell'accezione moderna, come sinonimo di "prete". I chierici, nel medioevo, erano solitamente i letterati, i dotti, coloro che avevano studiato in una qualche *schola*. Il chierico era contrapposto al medievale "idiota", all'illetterato, a colui che non sapeva leggere né scrivere. È dunque strano che tra le fila dei seguaci di san Francesco, il quale si era presentato al mondo come *ignorans et idiota*, trovassero sempre maggiore spazio e vocazione frati istruiti o, comunque, amanti dello studio e della conoscenza.

San Francesco concede ai frati lo studio

Ci fu chi protestò con forza (ad esempio Jacopone da Todi) contro la clericalizzazione dell'Ordine, che apparve come un tradimento, non tanto e non solo della vocazione francescana, ma addirittura di San Paolo, che aveva preferito la stoltezza della Croce alla sapienza dei pagani: «E mentre i Giudei chiedono i miracoli e i Greci cercano la sapienza, noi predichiamo Cristo crocifisso, scandalo per i Giudei, stoltezza per i pagani»[1]. Eppure il santo d'Assisi, forse dopo qualche titubanza, a chi richiedeva un suo parere circa la presenza dei letterati nell'Ordine e lo studio della Sacra Scrittura, rispondeva: «Sì, a me piace, purché, secondo l'esempio di Gesù Cristo, – del Quale sappiamo che attese più a pregare che a leggere – non trascurino di applicarsi alla preghiera. Né debbono studiare soltanto per saperne parlare, ma per mettere in pratica le verità apprese e, dopo averle praticate, insegnarle agli altri». Così, almeno, riferisce lo stesso san Bonaventura nella *Legenda Maior*[2].
Jacques Guy Bougerol (1908-1997), uno tra i maggiori studiosi francescani, scrive che il Poverello pose due condizioni all'ingresso dei chierici nell'Ordine: innanzitutto, che «i frati siano liberati dallo spirito di possesso, totalmente»; poi, che «essi siano teologi "in ginocchio"» (da *Introduzione generale alle opere di San Bonaventura*). C'è chi prese alla lettera le parole di san Francesco e, fra i teologi, frate Bonaventura, futuro Dottore Serafico della Chiesa, fu tra coloro che seppero meglio incarnare lo spirito della povertà e dell'obbedienza, tanto nel vestire il saio della penitenza, quanto nel sottomettere le pose superbe della ragione e della volontà alla verità rivelata. Nel *Breviloquium* – una sorta di breve *summa* del suo pensiero teologico – Bonaventura manifesta il proprio umiliarsi dinnanzi al mistero divino, a cominciare dal metodo: per ogni questione egli enuncia ciò che si deve credere (*hoc tenendum est*) e poi dà una spiegazione logica di quanto esposto (*ratio autem ad intelligentiam praedictorum*). È l'esatto contrario – è bene evidenziarlo – della prassi di certi teologi odierni, i quali prima esprimono una loro privata opinione e poi pretendono di piegare ad essa la Rivelazione.

---

[1] 1Cor 1, 22-23.

[2] *L. ma.* XI, 1.

Teologia bonaventuriana

Che la teologia del Serafico sia una teoresi in ginocchio lo si avverte immediatamente nel Prologo al *Breviloquium*, in cui è riportato in apertura un passo della Lettera di san Paolo agli Efesini[3]: «Piego le mie ginocchia al Padre del Signore nostro Gesù Cristo [...]». Nel Prologo, anzi, c'è un'originalissima esposizione dell'essenza della teologia che, principalmente, consiste nell'«origine, svolgimento e punto finale della Sacra Scrittura» («*ortum, progressum et statum sacrae Scripturae*»). Nell'origine, infatti, vi è l'«influenza della beatissima Trinità», nello svolgimento è richiesta l'operazione della «capacità umana», mentre alla fine c'è il «frutto» che consiste nella «più che completa felicità». La felicità, beninteso, di chi cerca la scienza di Dio umiliando la propria soggettività, in ossequio alla verità oggettiva, da cui tutto procede. Bonaventura, dunque, pone all'inizio – o meglio, come condizione *a priori* – di ogni speculare teologico la fede, grazie alla quale «Cristo abita nei nostri cuori» e senza la quale «è impossibile che qualcuno acceda alla sua [della Scrittura] comprensione».

Al capitolo primo della prima parte del *Breviloquium* il santo Dottore precisa meglio quali siano gli argomenti trattati dalla teologia e, soprattutto, dà ragione del perché trattarli. Quanto agli argomenti, ne elenca sette: Trinità di Dio, creazione del mondo, corruzione del peccato, incarnazione del Verbo, grazia, sacramenti e giudizio finale. È ben visibile, in questa ripartizione, tutta la storia della salvezza che, dal primo Principio, esamina ogni aspetto del mistero d'amore tra Dio e l'uomo. Non solo, scrive Bonaventura, la teologia è una scienza, affinché si conosca Dio e tutto ciò che è necessario alla salvezza, ma inoltre la teologia è «la sola sapienza perfetta» che include l'inizio (la causa somma) e la fine della conoscenza (il creato). E in questa conoscenza «vi è il sapore perfetto (*sapor perfectus*), la vita e la salvezza delle anime». Per questo la sapienza in san Bonaventura è *sapida scientia.*

---

[3] Ef 3, 14-19.

Che cosa rende in noi spontaneo piegare le ginocchia dinnanzi a Dio? E cosa, al contrario, impedisce al reprobo l'atto di adorazione nei confronti del Dio, che si manifesta e si rivela? Perché l'uomo docile e obbediente è inizialmente atterrito e, successivamente, elevato dall'irruzione del «*mysterium tremendum et fascinans*» di Dio – «mistero tremendo e affascinante», secondo la nota definizione del teologo protestante Rudolf Otto (1869-1937) – che ne sconvolge l'anima e la beatifica?
Perché gli angeli, facendo quasi scardinare gli stipiti delle porte del tempio, erompono con fragore nel triplice «*Sanctus*»[4], all'apparire del Signore? E perché i credenti di ogni tempo, col medesimo fragore, intonano il Salmo 94 – «venite, prostrati adoriamo, in ginocchio davanti al Signore che ci ha creati»?

Santità divina e tremenda

I santi Padri della Chiesa e i teologi hanno detto e scritto molto, come questioni separate, sulla santità di Dio e sul peccato umano o angelico. In questo caso si considera il tema più specifico del «timor di Dio», come virtù, atteggiamento e dono dello Spirito Santo. Anche tra gli autori moderni troviamo comunque, nel merito, riflessioni acute e significative, come quelle del teologo e cardinale francese Jean Daniélou (1905-1974), che tratta della divina e tremenda santità in alcune pagine del suo *Dieu et nous* (1956), tradotto in italiano con il titolo *Dio e noi* [5].
In Daniélou è del tutto palese che un primo contatto con la completa alterità di Dio «confonde e disorienta lo spirito», provocando nell'animo un autentico «spavento» – il «*pavor* dei latini»[6]. Questo accade a causa dell'essenza stessa della santità, dove l'«essere» divino «si manifesta in tutta la sua intensità»[7]. Ne è prova, soprattutto, l'esperienza mistica – l'«*extasis*» intesa come «sospensione dei sensi»: durante l'estasi san Francesco Saverio, ad esempio, sentiva l'Essere come «troppo pesante» e, non più sopportando, esclamava «basta, basta!»; oppure san Gregorio di Nissa si esprimeva in termini di «vertigine davanti all'essenza divina»[8]. Ma Daniélou cita pure il poeta Rainer Maria Rilke (1875-1926), sensibilissimo al «terribile» di Dio, paragonato da lui al «bello», ovvero al «primo grado» del «*tremendum*»[9]. Rilke, nella prima delle sue *Elegie duinesi*, accenna proprio a questo «primo grado», che potrebbe sopravvenire alla presenza di un angelo, per cui il poeta cadrebbe «morto per la sua esistenza troppo forte»[10].
Il «timore di Dio», per Daniélou, è addirittura la «base essenziale della religione autentica» e «impedisce radicalmente alla religione di degradarsi in familiarità». Eppure, citando Rudolf Otto, il cardinale francese precisa che «il terrore in presenza della santità divina non coincide con la semplice paura», ma il «sentimento del *sanctus*» è «un saluto di lode pieno di rispetto»: è il saluto del peccatore che arretra dinnanzi a Dio, ma non teme

---

[4] Cf. Is 6, 3-4.
[5] JEAN DANIÉLOU, *Dio e noi*, Bur, 2009.
[6] *Ibid.*, p. 109.
[7] *Ibid.*, p. 106.
[8] *Ivi.*
[9] *Ibid.*, p. 109.
[10] *Ibid.*, p. 107.

di esserne annientato. È dunque lecito affermare – scrive Daniélou – «che la prima manifestazione provocata in un'anima dall'avvicinarsi della santità di Dio, è di darle il senso del peccato». E aggiunge: «i santi sanno cos'è il peccato; i peccatori lo ignorano»[11].

Timore casto, non terrore per la dannazione eterna

La dottrina cattolica attorno al «timore di Dio», accennata da Jean Daniélou nella sua opera, permette di evitare alcuni equivoci che potrebbero insinuarsi accostando il timore alla paura. Già Sant'Agostino d'Ippona (354-430), Padre e Dottore della Chiesa, precisava che seppure «il timore di Dio è inizio di sapienza»[12], non si giunge alla sapienza senza una purificazione del suddetto timore[13]. Certamente – dice il santo Dottore – la resurrezione, per l'uomo, inizia «quando s'incomincia a temere il giorno del giudizio» e ad «emendare e a combattere i nemici che sono i propri peccati». Ma non basta: all'inizio c'è un «timore che prepara il posto alla carità; ma è un timore transeunte» e consiste nel non voler «cadere nell'inferno e bruciare col diavolo in un fuoco eterno». In seguito, poiché ci si astiene dal male, l'uomo incomincia a desiderare il bene – e i beni (le grazie) – e il suo «timore diventa un casto timore». In questo caso non si teme il castigo, ma si paventa «di perdere gli stessi beni». Dunque – conclude sant'Agostino – «altra cosa è temere Dio perché non ti mandi all'inferno, altra cosa temerlo perché egli non si allontani da te»[14].

La distinzione tra timore dei castighi e timore casto si riscontra pure nei moti spirituali del penitente, come insegna il *Catechismo della Chiesa Cattolica.* Uno dei doni di Dio – si legge nel *Catechismo*[15] – è «la contrizione detta "imperfetta" (o "attrizione")»: questa «nasce dalla considerazione della bruttura del peccato o dal timore della dannazione eterna [...] (contrizione da timore)». Tuttavia, «da sola, la contrizione imperfetta non ottiene il perdono dei peccati gravi, ma dispone a riceverlo nel sacramento della Penitenza», come del resto fu confermato dal Concilio di Trento[16].

È dunque da ricercare, da parte del penitente, la «contrizione perfetta» o «contrizione di carità», che è il dolore dei peccati accompagnato dalla carità[17]. La carità stessa è, comunque, un dono dello Spirito Santo, da richiedere con gran desiderio nella preghiera. Con tutta evidenza, la «contrizione perfetta» rimette, alla presenza del confessore, il peccato veniale e mortale.

Adorazione e prostrazione

Tutto questo, però, non significa che il timor di Dio scompaia o sia un dono superfluo. Lo stesso *Catechismo*[18], a proposito del «senso del sacro», riporta un pensiero del beato John Henry Newman (1801-1890), secondo cui nessuno può ragionevolmente dubitare

---

[11] *Ibid.*, pp. 110-114.
[12] Sir 1, 16.
[13] Cf. *Commento alla prima lettera di san Giovanni*, Omelia IX.
[14] *Ibid.*, IX, nn. 4-5.
[15] *CCC* n. 1453.
[16] Cf. Denz.-Schönm., 1677.
[17] *CCC* n. 1452.
[18] *Ibid.*, n. 2144.

che il sentimento di timore e del sacro siano sentimenti cristiani: «Sono i sentimenti che palpiterebbero in noi, e con forte intensità, se avessimo la visione della Maestà di Dio. [...] Nella misura in cui crediamo che Dio è presente, dobbiamo avvertirli. Se non li avvertiamo, è perché non percepiamo, non crediamo che egli è presente».

E di questo sentimento del sacro – di timore del «tremendo» – ne è testimone la Sacra Scrittura, che abbonda in citazioni di santi e di martiri. Per quanto riguarda l'Antico Testamento, ad esempio, Adamo ed Eva si nascosero impauriti dopo il peccato; Giacobbe «ebbe timore e disse: Quanto è terribile questo luogo!»[19]; i profeti Isaia o Ezechiele si sentirono storditi e impuri. Quanto al Nuovo Testamento, basti ricordare Zaccaria che, dinnanzi all'arcangelo Gabriele «si turbò e fu preso da timore»[20]. O la beata Maria Vergine, che scorgendo il medesimo angelo, «rimase turbata»[21].

Al timore del Signore segue poi, spesso, l'atto di inginocchiarsi. Colui cioè che, nell'esperienza mistica, sceglie liberamente la strada dell'umiliazione e del pentimento, spontaneamente si prostra in adorazione della divina Maestà. Quanto l'inginocchiarsi sia conseguente all'atteggiamento umile, è riscontrabile anche dalla frequenza del verbo greco «*proskynein*» (inginocchiarsi, appunto), che nel solo Nuovo Testamento ricorre cinquantanove volte. Gli Apostoli s'inginocchiano. Così pure i discepoli o i miracolati. San Paolo confessa: «Per questo, dico, io piego le ginocchia davanti al Padre»[22].

I santi s'inginocchiano sempre. «Cado alle tue ginocchia, Signore, per adorarti; ti rendo grazie, Dio di bontà; t'imploro, Dio di santità» – dice sant'Efrem il Siro (306-373) – e «tutti gli Angeli, gli Arcangeli, i Cherubini e i Serafini appariranno con timore e tremore davanti alla tua gloria»[23].

«Teologia in ginocchio» del povero

Se Davide supplica Dio affermando «io sono povero e infelice»[24], è perché sa che il Signore non lo vuole lasciare prostrato, ma lo abbraccia invece, lo salva e lo conduce alle sue dimore eterne. Anche Gesù Cristo, difatti, si è prostrato: assumendo la natura umana si è chinato sull'uomo. Non però davanti all'uomo, ma al Padre: in agonia, nel Getsemani, «inginocchiatosi, pregava» il Padre[25]. Non solo il Magistero, ma si direbbe che l'autentica teologia nasca e si sviluppi in ginocchio. Già Joseph Ratzinger, nel suo libro *Introduzione allo spirito della liturgia* (2001), affermava che «una fede o una liturgia che non conoscano più l'atto di inginocchiarsi, sono ammalate in un punto centrale». E, divenuto Papa, spronava alla pratica della «'teologia in ginocchio', come richiedeva Hans Urs von Balthasar [teologo, 1905-1988, *ndr*]», poiché dove essa si pratica «non mancherà la fecondità per la Chiesa»[26].

---

[19] Gen 28, 17.
[20] Lc 1, 12.
[21] Lc 1, 29.
[22] Ef 3, 14.
[23] Dalla *Preghiera al Cristo sofferente.*
[24] Sal 86, 1.
[25] Lc 22, 41.
[26] BENEDETTO XVI, *Visita all'Abbazia di Heiligenkreuz*, 2007.

Il timore casto della prosternazione fiduciosa nei confronti di Dio è, in fondo, il «timore filiale» di cui scrive san Tommaso d'Aquino e di cui afferma che occupa «il primo posto tra i doni dello Spirito Santo in ordine ascendente, e l'ultimo in ordine discendente»[27].

[27] *S.Th.* II^{a} II^{ae}, q. 19, a. 9.

La filosofia cristiana di San Tommaso d'Aquino e di San Bonaventura da Bagnoregio

San Tommaso d'Aquino e san Bonaventura da Bagnoregio sono la dimostrazione storica che la mente umana può raggiungere la sapienza, così come la intende e la descrive l'enciclica *Fides et Ratio*[28] di san Giovanni Paolo II. Scrive infatti il Papa polacco, citando san Tommaso, che esiste un livello sapienziale superiore alla sapienza «posta tra le virtù intellettuali»[29]. Esiste cioè una sapienza, alla portata della mente umana, che ha la «priorità» sulle altre «due complementari forme di sapienza»: quella «filosofica» e quella «teologica»[30]. C'è, in altre parole, un livello epistemico superiore anche alla teologia e alla filosofia, di cui vi è traccia in molti degli autori medievali. Il Dottore Angelico[31] e il Dottore Serafico[32], in modo esemplare, resero ragione di questo livello sommo e indicarono la via per raggiungerlo, ciascuno con argomenti, capacità, metodologia e stile propri.

I due però, quanto all'esposizione della verità, non sono affatto sullo stesso piano: il magistero, in generale, e la *Fides et Ratio*, in particolare, indicano in san Tommaso una via privilegiata per la consultazione e l'accessibilità alle questioni filosofiche o teologiche. L'Angelico – scrive Giovanni Paolo II – «è sempre stato proposto dalla Chiesa come maestro di pensiero e modello del retto modo di fare teologia»[33]. La *Summa Teologica* tomista, a proposito di questa metodologia insuperata, è un archetipo di speculazione scientifica e sistematica, nonché uno strumento da cui è facile reperire il chiarimento su una certa questione, vista la disposizione quasi enciclopedica degli argomenti. Nell'enciclica, dunque, si parla estesamente dell'Aquinate, quale «apostolo della verità», soprattutto perché riconobbe l'«oggettività del suo realismo» e «raggiunse vette che l'intelligenza umana non avrebbe mai potuto pensare»[34].

Ascesa e discesa

Per san Bonaventura, il discorso cambia. L'enciclica lo nomina due volte, di sfuggita. Nel primo caso si parla dei Dottori medievali, «tra i quali emerge la grande triade di sant'Anselmo, san Bonaventura e san Tommaso d'Aquino»[35]. Più avanti, Giovanni Paolo II invita i teologi a tenere «sempre presente l'indicazione di un grande maestro del pensiero e della spiritualità, san Bonaventura», secondo cui «non è sufficiente il sapere separato dalla carità» o «da riflessione senza la sapienza ispirata da Dio»[36]. Bonaventura è sì nella «grande triade» medievale. Lo è però a modo suo, quasi nascosto. Perché?

---

[28] Promulgata il 14/09/1998. Indico la *Fides et Ratio* con *FeR*.
[29] *FeR* n. 44.
[30] *Ivi*.
[31] San Tommaso d'Aquino. Creato Dottore con la Bolla *Mirabilis Deus* di San Pio V, 11/09/1567.
[32] San Bonaventura da Bagnoregio. Creato Dottore con la Bolla *Triumphantis Hierusalem* di Sisto V, 14/03/1588.
[33] *FeR* n. 43.
[34] *Ibid.*, n. 44.
[35] *Ibid.*, n. 74.
[36] *Ibid.*, n. 105.

Principalmente per il fatto che la vocazione di san Bonaventura è diversa da quella di san Tommaso. L'Angelico ascende, come il pittore sacro occidentale. Il Serafico discende, come l'iconografo orientale. L'Angelico è l'uomo che guarda Dio dal basso, con la propria vista, come nella pittura occidentale. Il Serafico è chiamato a spiegare come Dio guarda e parla agli uomini dall'alto, come nell'iconografia orientale. L'Angelico percorre l'«arte della salita», di cui parlò Pavel Florenskij[37], simile a chi sogna all'inizio della notte. Il Serafico compone l'«arte della discesa», archetipo dei sogni prima dell'alba. Eppure il Serafico non è più sapiente dell'Angelico: semplicemente guardano entrambi la Luce di Dio da due prospettive diverse, per vocazione, non per prossimità all'episteme. Tommaso, colto da esperienza mistica, non scrive più e si blocca («tutto ormai mi sembra paglia» – esclama). Bonaventura, dopo l'esperienza della Verna[38], non solo continua a scrivere, ma valuta quello che gli è capitato come «un pensiero tra gli altri»![39]
E tali peculiari vocazioni non possono che rivelarsi anche nel linguaggio. L'Angelico è un autore impegnativo, ma non contorto al modo dei moderni, che ostentano intelligenza con il parlare difficile. Il Serafico richiede uno sforzo d'impegno e di fatica maggiore, anch'egli non perché contorto o difficile, ma per via di un linguaggio che va quasi memorizzato, parola per parola, per essere sicuri di comprendere la conclusione. La differenza tra i due è simile a quella dello scalatore, che alle volte ascende in salita, alle volte è di fronte a un pericoloso ghiacciaio: si tratta di una diversità di lettura legata alla fatica.

Il fine della teologia

Giunto alla quarta collazione del suo *Hexaëmeron*, un anziano e sorprendente Bonaventura comincia a predicare[40] deciso sulla verità. Non solo, ma sottolinea – da subito – che «*super omnia enim praevalet veritas*», «la verità prevale su tutto»[41]. Non sono parole sue, ma è una citazione tratta da un testo apocrifo: il *Terzo libro di Esdra*, menzionato spesso in patristica, ma mai divenuto canonico. È significativo il contesto nel quale la sentenza fu pronunciata. Presso la corte d'Assiria si questionava su quale fosse la cosa più forte al mondo. Nonostante i molti pareri, tutti si trovarono d'accordo su di un punto fondamentale: «Allora il popolo esclamò e disse: Grande è la verità e prevale sopra ogni cosa»[42].
Come mai Bonaventura cita qua un apocrifo? Non poteva scegliere un passo biblico? Forse non trovò nel canone biblico un'autorità altrettanto esplicita, o giudicò elegante la sentenza. L'intenzione del Dottore Serafico sembra, comunque, lo stabilire qualcosa di

[37] Cf. PAVEL FLORENSKIJ, *Le porte regali. Saggio sull'icona*, Adelphi, 1977.
[38] Gli si presenta alla mente il Serafino alato, lo stesso delle stimmate a san Francesco d'Assisi. *Cf.* Bonaventura da Bagnoregio, *Itinerarium mentis in Deum*, prol., n. 2.
[39] *Ivi.*
[40] Le *Collationes in Hexaëmeron, sive illuminationes Ecclesiae* (*Collazioni sull'Esamerone, ovvero le illuminazioni della Chiesa*), sono l'ultima opera di San Bonaventura. Si tratta di una serie di conferenze o predicazioni, tenute dal santo nel 1273, un anno prima della morte. Non sono redatte dall'autore: si tratta di rapporti o resoconti, trascritte dagli uditori e rilegate in volume.
[41] BONAVENTURA DA BAGNOREGIO, *In Hexaëm.*, coll. IV, n. 1. Citazione di 3 Esd 4, 41.
[42] «*Et omnes populi clamaverunt et dixerunt: Magna est veritas et praevalet*», 3 Esd 4, 41. Bonaventura riporta il giudizio leggermente modificato, ma con il medesimo senso.

simile a un primato della verità. Tutta la *Collazione* ha il medesimo tenore. Poco prima aveva detto che «la verità è la luce dell'anima e questa luce non conosce tramonto»[43]. E poco dopo espone la dottrina della «triplice verità»[44], secondo quanto afferma l'*Ecclesiastico*: «Il sole brucia i monti per tre volte»[45]. L'*Hexaëmeron*, inoltre, proprio perché è l'ultimo scritto riconducibile al Dottore, ne manifesta il pensiero compiuto.

Alle volte, i commentatori del Serafico trascurano tutto ciò e considerano piuttosto in lui un primato della carità, della volontà, della prassi, dell'«*affectus*». Che Bonaventura abbia trattato ampiamente (e francescanamente) della carità e abbia una dottrina originale sulla volontà, non significa però che ne abbia celebrato un privilegio rispetto alla ragione[46]. Il termine «volontarismo bonaventuriano» è usato, ma improprio. Lo spiega bene Inos Biffi, tra molti, quando mette a confronto la teologia di Tommaso e Bonaventura[47]. Scrive Biffi che entrambi i Dottori ritengono essere la teologia una «scienza pratica». L'Angelico, però, aggiunge che essa è «più speculativa che pratica», poiché la beatitudine eterna è legata alla «perfetta conoscenza di Dio». Secondo il Serafico, invece, certamente nella teologia vi è un momento iniziale in cui essa «consiste nella "scienza teologica speculativa"», come uno dei suoi fini. Non però il suo «fine ultimo», che è quello di diventare buoni («*ut boni fiamus*»). Per il Bonaventura francescano, insomma, non si dà teologia senza applicarla, cioè «occorre che la scienza e l'azione si congiungano nella forma "affettiva"». In altre parole, è necessario alla teologia «che l'intelletto susciti l'amore».

Carità e verità: una descrizione complementare

San Tommaso – sempre a parere di Biffi – non crede che il fine ultimo della teologia sia di diventare buoni, ma piuttosto «si deve essere buoni per fare teologia». Sarebbe però sbagliato dire che l'Angelico sia a favore della ragione e il Serafico tenda alla fede: l'Angelico è in fondo «più coraggioso e teologico», mentre il Serafico si limita ad aggiungere – e lo sostiene con forza – che fede e ragione, carità e verità, sono inseparabili. Nemmeno questo, tuttavia, è completamente esatto. Anche san Tommaso le presenta come inseparabili: «Vi è una duplice perfezione – afferma l'Aquinate –: la prima relativa all'intelletto, e si ha quando uno possiede un intelletto capace di giudicare e di discernere rettamente su quanto gli viene proposto. La seconda perfezione è quella dell'affetto, e questo proviene dalla carità, che uno possiede quando si trova totalmente unito a Dio»[48]. Si direbbe che ognuno, a modo suo, restituisca alla «*caritas in veritate*»[49] la

---

[43] *In Hexaëm.*, cit., *ivi*.

[44] *Ibid.*, n. 3.

[45] «*Tripliciter sol exurens montes*», Sir 4, 41, cit. in *Hexaëm.*, *ibid.*, n. 2.

[46] Quest'opinione è condivisa da Jacques Guy Bougerol e dai suoi collaboratori, che hanno curato l'edizione dell'*opera omnia* di san Bonaventura per Città Nuova, come si evince dalle loro opere. Dello stesso parere anche altri studiosi bonaventuriani come, ad esempio, Leone Veuthey e Vincenzo Cherubino Bigi.

[47] INOS BIFFI, "L'intelligenza non basta. Bonaventura e Tommaso a confronto", in *L'Osservatore Romano*, 15/07/2009.

[48] TOMMASO D'AQUINO, *Super Epistolam ad Hebraeos*, c. 5, l. 2. Citato sempre da Biffi nel suo articolo.

[49] «La carità nella verità», secondo il titolo che Benedetto XVI dette ad una sua Enciclica del 2009.

corretta interpretazione, la quale non può che essere una sintesi, concepita nella sapienza.
La carità, secondo Tommaso, è una «virtù speciale» e «unica», per cui tutte le altre virtù dipendono da essa[50]. L'atto della carità, in particolare, è volontario, nel senso che lo Spirito Santo aggiunge alla potenza naturale umana una «forma che la pieghi all'atto dell'amore»[51]. Una dottrina simile è in Bonaventura, che definisce la carità come «radice, forma e fine delle virtù», così come i due comandamenti evangelici dell'amore includono tutti gli altri[52]. E qua c'è un approfondimento. Quanto alla verità, è nota la definizione tomista: «*veritas est adaequatio rei et intellectus*»[53]. Meno noto è che la definizione bonaventuriana della verità è identica alla tomista, come si legge ad esempio nell'*Hexaëmeron*[54]. E, a seguire, nelle pericopi successive, vi è un ulteriore approfondimento secondo cui è anche da tenere presente che «ogni creatura è menzogna», come afferma sant'Agostino. Da qui la necessità di riferirsi costantemente al Verbo, in quanto «similitudine» di comparazione[55].
È, quindi, abbastanza evidente che spesso si scambia per differenza di pensiero tra i due Dottori, quello che è solo un approfondimento o un'integrazione. È del tutto evidente che lo stesso albero apparirà diverso, se guardato da posizioni differenti: i rami e le foglie possono, per questo motivo, essere descritte in modo complementare. Vi sarebbe, al contrario, opposizione di dottrina nel caso uno dei due osservatori riferisse una realtà che contrasta quella dell'altro.

La filosofia cristiana

La teologia di Bonaventura è fortemente cristologica. Gesù Cristo è l'«esemplare» («*exemplum*»), il centro («*centrum*») e il «medio» («*medium*»)[56]. Esemplare di tutto ciò che è creato, centro sferico della creazione e medio metafisico della Ss. Trinità, orientata dal Padre allo Spirito Santo. Il Logos, nella speculazione del Serafico, è dunque centrale, soprattutto in quanto *veritas*. Il Dottore realizza il pensiero di Clemente Alessandrino, citato dalla *Fides et Ratio*: il Vangelo è «la vera filosofia»[57]. Anche per Bonaventura Gesù Cristo illumina la ragione e la volontà, poiché Egli «è tutta la nostra metafisica»[58]. A maggior ragione, a san Tommaso e alla sua teologia si possono applicare i sostantivi di «filosofo» e di «filosofia cristiana». Abbiamo dunque a che fare con due teologi che, per la quantità degli argomenti trattati, per la capacità d'investigare ogni settore della realtà e per l'uso massiccio delle categorie filosofiche, possono essere considerati anche filosofi e la loro teologia può essere ribattezzata «filosofia cristiana».

---

[50] *S. Th.*, II^{a} II^{ae}, q. 23, aa. 4-5.
[51] *Ibid.*, a. 2.
[52] BONAVENTURA DA BAGNOREGIO, *Breviloquium*, p. V, c. 8.
[53] «La verità è la corrispondenza tra la cosa e l'intelletto». TOMMASO D'AQUINO, *De veritate*, q. 1 a. 2 s. c. 2.
[54] *In Hexaëm.*, cit., coll. 3, n. 8.
[55] *Ivi.*
[56] In varie sue opere, tra cui l'*Hexaëmeron.*
[57] *FeR* n. 38.
[58] «*Hoc* [Gesù Cristo] *est medium metaphysicum reducens, et haec est tota nostra metaphysica* [...]», I*n Hexaëm*, cit., I, 17.

Nella *Fides et Ratio* è specificato che la filosofia cristiana è un «filosofare cristiano», ovvero «una speculazione filosofica concepita in unione vitale con la fede»[59]. Non si tratta, viceversa, di una «filosofia ufficiale della Chiesa, giacché la fede non è come tale una filosofia». Vi sono dunque due aspetti, nella filosofia cristiana: «uno soggettivo, che consiste nella purificazione della ragione da parte della fede» e «uno oggettivo, riguardante i contenuti», le «verità», che «pur non essendo naturalmente inaccessibili alla ragione», forse «non sarebbero mai state da essa scoperte, se fosse stata abbandonata a sé stessa». I due poli – ragione e fede, verità e carità, teoria e prassi – non possono allora essere separati, né confusi, per poter parlare di una teologia autentica, che non può fare a meno della ragione, o di una filosofia cristiana, che non è mai mortificata dalla Rivelazione.

Sapienza come "sapida scientia"

Anche un domenicano come san Tommaso, orientato verso la ragione, è in grado di scrivere pagine molto belle sulla carità. «Nessuno per ignoranza» – scrive[60] – può «ritenersi scusato» dal conoscere e osservare «la legge della divina carità». E «questa legge dell'amore divino produce nell'uomo quattro effetti»: genera «in lui la vita spirituale», promuove «l'osservanza dei comandamenti divini», costituisce «un aiuto contro le avversità» e conduce «alla felicità». Sono effetti legati alla prassi, in modo che l'uomo possa acquistare meriti e non si limiti a una conoscenza teorica di Dio e della sua Parola. Quella stessa prassi cara ai francescani, per cui la verità intellettiva si unisce alla verità attiva.
Nel commentare le *Sentenze* di Pietro Lombardo, san Bonaventura s'imbatte in alcune questioni sullo Spirito Santo. Mary Melone scrive, in un suo saggio[61], che Bonaventura dimostra il duplice aspetto della carità, «come dono» e come «guida alla verità». Il dono della carità produce il frutto dell'«*amor caritatis*», cioè la capacità di amare che orienta a Dio, superando l'aspetto puramente sentimentale. La carità, secondo il Serafico, pur non rivestendo un primato assoluto, ha comunque un «primato *complexionis*, cioè un primato che va ricondotto alla sua funzione di compimento e perfezionamento di ogni virtù». E anche l'Angelico è dell'opinione – lo si è visto sopra – che tutte le virtù dipendano, in qualche modo, dalla carità.
Proprio per il fatto – continua Melone, interpretando Bonaventura – che la carità ci rende «deiformi», da ciò consegue che «la presenza dello Spirito Santo attiva nell'uomo la capacità di amare in verità». Se veramente nell'uomo c'è la carità, essa non potrà mai manifestarsi in maniera cieca, indifferente, ma risanerà dalla ferita del peccato originale anche altre facoltà umane, come la ragione. Il Dottore non si ferma qui: resta da commentare il passo di Giovanni in cui è detto che «quando però verrà lo Spirito di verità, egli vi guiderà alla verità tutta intera [...]» (16, 13). Si tratta, beninteso, non solo di una verità intellettuale. C'è infatti una «triplicità della verità», che è «causa dell'essere,

---

[59] *FeR* n. 76.
[60] TOMMASO D'AQUINO, *Opuscula theologica,* II, nn. 1137-1154, ed. Marietti, 1954.
[61] MARY MELONE, "Lo Spirito, dono di carità e guida alla verità, in san Bonaventura", in *Doctor Seraphicus*, a. LVIII (2010), pp. 57-73.

ragione del capire e ordine del vivere». In questa definizione vi è tutto: verità oggettiva, soggettiva e verità dell'atto (etica, morale).
Così pure la conoscenza è di due tipi: quella «speculativa» e quella di «esperienza e di pietà». La speculativa è riferita al Figlio e la pratica procede dallo Spirito Santo, per cui «la verità "tutta intera" va intesa non come completezza di erudizione, ma come assimilazione di quella verità "di vita, di dottrina e di giustizia" a cui l'azione dello Spirito può condurre».
Pian piano s'intuisce che la teologia di Bonaventura è sì del tipo cristologico, ma che sfocia inevitabilmente in un approccio trinitario. Non vi è infatti, insegna la dogmatica, attività *ab extra* di Dio che non sia operazione di tutta la Ss. Trinità, perché le tre Persone sono unite nella stessa sostanza. Non deve quindi stupire se anche lo Spirito Santo conduce alla verità, che è un'appropriazione del Verbo. Dice dunque san Bonaventuta che «vi è nello Spirito Santo una verità infallibile; poi una verità munifica; poi ancora un'invincibile potenza»[62]. Quanto l'unione tra le Persone sia profonda – osserva il Serafico – lo si evince anche dall'episodio della Pentecoste, nella quale fu elevata l'«intelligenza degli apostoli». Non solo la potenza, non solo la fede, ma anche la ragione.
I dottori, oltre all'opera speculativa e scientifica a loro affidata dalla vocazione, trovarono il sentiero della sapienza, che Teodorico Moretti-Costanzi chiama «*sapida scientia*», cioè quella scienza «che ha congiunto con sé il sapore»[63]. Il Moretti-Costanzi, inoltre, esclude che un pagano possa accedere all'autentica sapienza, perché ad essa si può giungere solo attraverso la santità pre-adamitica, che è realizzabile solo dopo avere abbandonato il peccato.

[62] BONAVENTURA DA BAGNOREGIO, *Sermone 27*, (OSB, X, pp. 320-331).
[63] Cf. TEODORCICO MORETTI-COSTANZI, "L'attualità della filosofia mistica di San Bonaventura", in: TEODORCICO MORETTI-COSTANZI, *San Bonaventura*, Armando Editore, 2003.

MISTERO DELLA PASQUA

I COLORI DELLA RESURREZIONE

«*Volo vobis facere sertum de floribus quos collegi*» – ora «voglio farvi una corona con i fiori che ho raccolto» (san Bonaventura da Bagnoregio). Già sul sorgere dei giorni Nostro Signore aveva minacciato la morte, la nostra morte interiore – soprattutto – e quella corporale. L'aveva minacciata «con la potenza della sua morte dicendo per bocca del profeta Osea[64]: "O morte, sarò la tua morte, o inferno, sarò il tuo sterminio"»[65]. Perché il tormento del morire, introdotto dalle nostre colpe, non è solo la morte fisica: non ci limitiamo difatti a morire, ma "moriamo morendo" – "*mot tamut*"[66] – giorno dopo giorno. Moriamo mentre siamo ancora in vita. Da questa morte soprannaturale, innanzi tutto, siamo liberati adesso, dal terrore, dalla disperazione, per i meriti soprannaturali di Gesù Cristo. E poi anche dalla morte naturale della nostra carne, se risorgeremo gloriosi nella beatitudine del Cristo risorto.

Il fiore bianco della purezza castigata

Così come, infatti, rinverdì la verga di Aronne[67], Gesù Cristo «il terzo giorno uscì rinverdito dall'aridità della morte per manifestare a noi, mediante la sua stessa carne rinnovata, la potenza della sua divinità» (San Gregorio Magno, *Sermoni*). Il rinverdimento del legno secco, lo scorrere della nuova vita nascosta, transita per un mistero d'amore nel seno della santissima Trinità attraverso l'esperienza della Croce, del castigo. E accanto al castigo ingiusto del giusto Figlio di Dio, che ci merita la vita eterna, giova pure il giusto castigo dei peccatori: Dio ci dà la grazia di portare la nostra croce in letizia e di seguire la Croce di Cristo, aderendo alla sua santa Passione mediante una mortificazione redentrice dei nostri costumi. «Avete imparato dalla vostra pietà – dice ancora san Leone Magno nei *Discorsi* – quanto giovino alle anime e ai corpi i prolungati digiuni, la preghiera insistente e le generose elemosine». Castigando i nostri vizi, possiamo concretamente essere «partecipi della risurrezione di Cristo, passando così dalla morte alla vita mentre siamo ancora in questo corpo». San Leone Magno, a questo proposito, fa notare la necessità della preghiera e della vita devota, segno del nostro libero aderire alla redenzione del Cristo e quanto sia dannosa la dissolutezza alla nostra salute eterna. Dice, infatti, nei *Discorsi* che «vi è una morte che è fonte di vita, e una vita che è causa di morte».

Seguiamo dunque il nostro Maestro e Signore sulla via della riparazione e della redenzione. Riparazione per l'offesa orribile fatta al Padre mediante il nostro peccato e redenzione operata dal Crocifisso mediante i suoi patimenti. «Vedi come lo Spirito trasforma in un'altra immagine coloro nei quali abita?» dice San Cirillo di Alessandria (*Comm. in Iohannem*). E aggiunge che lo Spirito Santo conduce il cuore «da un'imbelle timidezza ad una forza d'animo piena di coraggio e di grande generosità».

---

[64] Os 13, 14.
[65] Cf. LEONE MAGNO, *Discorsi*.
[66] In ebr., Gen 2, 17.
[67] Cf. Nm 17, 23.

Il fiore rosso del dolore vitale

Quanto Nostro Signore abbia sofferto, anche prima della Croce e abbondantemente, lo possiamo comprendere in parte, specialmente nei momenti di dolore o di sconforto. Egli «ha preferito che noi ci avvicinassimo a lui per amore di quello che potevamo capire», con l'infinito suo pazientare che si esprime nel tempo, accettando insulti e sconforto «a motivo del suo amore per noi e per obbedienza a suo Padre» (sant'Isacco Siriano, *Discorsi ascetici*). Sopportò anche il nostro fuggire dinnanzi al dolore, da quando primariamente lo abbandonammo sofferente nel Getsemani e ce ne andammo durante il processo, la flagellazione e la crocifissione. E se anche non fuggimmo, lo guardammo da lontano, mentre lo schernivano e lo ingiuriavano. Sant'Efrem il Siro osserva che «Pietro, il primo degli apostoli, per primo è fuggito. Anche Andrea si è dato alla fuga, e Giovanni, che riposava sul suo petto, non ha impedito a un soldato di trafiggere quel petto con la sua lancia» (*Omelie*). Sono fuggiti i Dodici e, inoltre, «non c'è Lazzaro, che era stato richiamato in vita da lui. Il cieco non ha pianto colui che gli aveva aperto gli occhi alla luce, e lo zoppo, che grazie a lui poteva camminare, non gli è corso dietro».
Dal Battesimo di passione e morte che Cristo ricevette in Gerusalemme scaturì la fonte salutare del suo sangue preziosissimo. Così, sommersi dalle acque del diluvio, anche noi riceviamo il Battesimo e moriamo con il Crocifisso. Per questo sant'Ambrogio nel *De sacramentis* dice al catecumeno: «Considera, quando sei battezzato, donde viene il Battesimo, se non dalla croce di Cristo». E san Basilio il Grande rileva che con l'essere battezzati «si prova odio e orrore per l'ingiustizia, secondo quanto è scritto, e si viene al desiderio di essere purificati mediante la fede nella potenza del sangue del Signore nostro Gesù Cristo» (*De Baptismo*). Il Battesimo cioè – riflette Basilio – in Spirito Santo e fuoco (cf. Mt 3, 11) purifica l'anima dal peccato, come il metallo è purificato dal fuoco e «poiché il fuoco ha rivelato i peccati ed egli [il penitente, *ndr*] ha ricevuto il perdono grazie al sangue di Cristo, da adesso in poi, nella sua nuova vita, le opere di giustizia in Cristo risplenderanno più che tutte le pietre più preziose».

Il fiore viola della giustizia

Prima, allora, dei meriti per le nostre opere buone e prima della nostra fede, che ci viene computata come giustizia[68], è necessario guardare a Gesù Cristo, che compie ogni giustizia. Non solo, ma «sono molte, è vero, le porte aperte, ma la porta della giustizia è precisamente quella di Cristo», come afferma san Clemente Romano (*Ep. ad Corinthios*). Se dal costato di Cristo si effuse il sangue della santità e l'acqua della sua misericordia, è altrettanto vero che il Figlio di Dio compì ogni giustizia[69] e, per mezzo del suo sacrificio, risarcì sul patibolo il salario del peccato, che è la morte[70]. «Nella sua Passione – osserva san Massimo di Torino nei *Discorsi* – il Signore ha assunto tutti i torti del genere umano affinché nulla in seguito potesse più arrecare torto all'uomo».

---

[68] Cf. Rm 4, 3.
[69] Cf. Mt 3, 15.
[70] Cf. Rm 6, 23.

Questo è forse uno dei misteri più profondi di Dio è cioè come, specialmente nel Gesù che si è rivelato, coesista la sintesi di misericordia e giustizia in una realtà d'amore, cosicché ognuno è retribuito nella propria volontà: il giusto trova misericordia e ottiene pure giustizia; il reprobo non trova che pura giustizia, perché ha rigettato la misericordia. In ogni caso, tutti possono trovare in Cristo la sazietà, con il pane spirituale e materiale che Egli offre, purché appunto lo cerchino in Cristo. Sant'Ignazio di Antiochia avverte che «nessuno s'inganni: chi non è all'interno del santuario, resta privo del pane di Dio» (*Ep. ad Ephesios*).

Il fiore azzurro dell'amore eterno

Chi però è nel santuario cerca il pane che sazia e l'acqua che disseta, mentre dice al fratello: «Oltrepassiamo il primo velo del tempio, accostiamoci al secondo e penetriamo nel "Santo dei santi"» (san Gregorio Nazianzeno, *Discorsi*). Là è assiso il Figlio dell'uomo alla destra della Potenza. Quando ne percepì la luce, sant'Agostino si rivolse al Santissimo: «Tremai di amore e di terrore. Mi ritrovai lontano, come in una terra straniera, dove mi pareva di udire la tua voce dall'alto che diceva "Io sono il cibo dei forti, cresci e mi avrai"» (*Le Confessioni*). In quanto amore, l'unica volontà di Dio è l'eterna salvezza dell'uomo, che vuole assolvere da ogni delitto, come perdonò il ladrone crocifisso «il quale, con un breve atto di fede conquistò Gesù, mutando la croce in premio» (sant'Ambrogio, *Inno n. 9*).
Ora che Cristo, nostra Pasqua, è stato immolato[71] ne celebriamo la Passione e la Morte, senza però dimenticare che Pasqua significa "passaggio" dalla morte alla vita. Così come avvenne per gli ebrei in fuga dal faraone, siamo chiamati a mettere il sangue dell'agnello sugli stipiti e sulle architravi della nostra casa, ovvero sui «corpi in cui abitiamo finché viviamo», come dice san Gregorio Magno (*Sermoni*). Come poi gli ebrei – continua Gregorio – arrostirono le carni dell'agnello, così «il fuoco ha cotto le carni del nostro Agnello [Gesù, *ndr*], perché proprio la violenza della sua passione lo ha reso più valente per la risurrezione e lo ha rinforzato per l'incorruzione».
Davvero l'amore cancella il timore di non essere perdonati e «se davvero l'amore riesce a eliminare la paura – confessa san Gregorio di Nissa – e questa si trasforma in amore, allora si scoprirà che ciò che salva [...] sta nel sentirsi tutti fusi nell'amore all'unico e vero bene» (*Omelia n.15*). Nemmeno è sopportabile, per chi ama, la morte dell'amato. Gli concederà, piuttosto, un breve sonno, protetto dalle braccia dell'amante. «Senti come Cristo ti sveglia. La tua anima dice: "Un rumore! È il mio diletto che bussa" e Cristo dice: "Aprimi sorella mia, mia amica"[72]. Senti come tu devi svegliare Cristo. L'anima dice: "Io vi scongiuro, figlie di Gerusalemme, svegliate, ridestate l'amore". L'amore è Cristo» (sant'Ambrogio, *Commento ai Salmi*).

---

[71] Cf. 1Cor 5, 7.
[72] Ct 5, 2.

In san Cromazio

La Pasqua, dice san Cromazio di Aquileia, «è la passione di Cristo». Più esattamente la *pascha* greca e latina corrisponde all'ebraico *pesah*, che significa «passare oltre». San Cromazio, invece, assieme ai Padri dell'Asia minore, preferisce dare risalto alla dinamica teologica che riunisce passione, morte e resurrezione nello stesso mistero. In tal senso, la Pasqua è fatta derivare dal greco *páschein* (soffrire), riferito evidentemente alla sofferenza del Cristo, al *páthos* (passione).
Più pastore che teologo e arcivescovo di Aquileia nel IV secolo, san Cromazio ci lascia 43 *Sermoni* liturgici e un *Commento al Vangelo secondo Matteo*. Soprattutto nei *Sermoni* è presente una forte tensione didattica, che prelude al catecumenato, laddove "catechismo" significa "istruzione".

Cristo vince e risorge con la Croce

Nei *Sermoni* 16, 17 e 17/A, pronunciati nella grande vigilia della notte di Pasqua, san Cromazio presenta gli elementi della crocifissione come assolutamente necessari per concepire il santo transito dalla morte alla vita, che il nostro Salvatore applicò a se stesso e al mondo, per la salvezza dei peccatori penitenti. Per questo motivo, nella Chiesa aquileiese, la veglia pasquale notturna riassumeva il mistero del Cristo, dove la Croce è al centro, inseparabilmente unita alla resurrezione.
Più delle altre vigilie solenni – dice san Cromazio – la notte pasquale ha il titolo di «vigilia del Signore». Gesù Cristo, infatti, «ha vegliato da vivo affinché noi non ci addormentassimo nella morte». Così come, anzi, il Signore «ha preso sonno per noi nel mistero della passione», la Pasqua divenne «veglia di tutto il mondo, perché la morte di Cristo ha allontanato da noi il sonno della morte eterna». Morte e vita, sonno e veglia: tutto è in tensione drammatica, simile a quella di due eserciti che si fronteggiano. La morte usa le armi della seduzione e dell'inganno; ma anche la vita, nei confronti delle schiere infernali, perché la morte fosse annullata «con una segreta potenza». E, dunque, «come il leone che si traveste con la pelle di una pecora per ingannare il lupo, così Cristo, che è la vita, ha assunto la carne per ingannare la morte divoratrice della carne umana».
Gesù Cristo, vero Dio e vero uomo, «ha dormito nella carne», ma «ha vegliato nella divinità, perché la divinità non poteva dormire». Difatti, nel Sepolcro, l'anima di Cristo fu separata dal corpo, ma entrambi uniti nella divinità del Verbo. In tal senso è scritto: «Non si addormenterà, non prenderà sonno il custode d'Israele»[73].

Il lievito nuovo e la grazia nascosta

Non tutti quelli che fermentano il pane azzimo delle proprie persone passeranno dalla morte alla vita, assieme a Gesù Cristo. Dipende dal lievito, dice san Cromazio. C'è il «lievito vecchio» del peccato e dell'impenitenza e c'è una «pasta nuova» – come tra l'altro afferma pure san Paolo – che conduce alla salvezza. Per questi motivi, «siamo azzimi» solo se «ci manteniamo senza fermento di malizia», senza «fermento di peccato».

---

[73] Sal 120, 4.

La nostra vocazione somiglia a quella di Simone di Cirene, che aiutò il Signore a portare la Croce, sulla via del Calvario. In particolare – osserva san Cromazio nel *Sermone* 19 – «questo Simone è beato, poiché per primo ha portato le insegne» del trionfo della Croce. È dunque nella Croce che l'uomo trova e assimila «il trionfo della virtù e il trofeo della vittoria». Come la divinità sostenne il peso della passione, così la carne umana sarà circonfusa di gloria divina: «la passione appartiene alla carne, alla divinità appartiene il trionfo della vittoria».

Tutto, nella santa notte di Pasqua, parla della vita. Persino il tempo. Non è un caso che la Pasqua si festeggi in primavera, quando «si rinnovano gli elementi del mondo» e anche «il nocchiero affronta sicuro la via del mare». Per questo motivo «sbagliano enormemente i pagani, che ritengono gennaio come il primo mese». Questo mese – il mese primaverile di Pasqua, disse Mosè – «sarà per voi il primo mese dell'anno». E allora il cristiano situa la primavera al principio, «per computare l'inizio dell'anno», proprio perché «in esso abbiamo ricevuto l'inizio della salvezza». Con sottile ironia, parlando dei pagani, san Cromazio nota che «non c'è da meravigliarsi se si sbagliano sul tempo coloro che si sbagliano circa la religione». Eppure la luce del tempo pasquale è contagiosa e irradia dovunque, tanto sui pagani, quanto sui popoli di altre religioni: a Pasqua essi «non sono privi di gioia, perché sono avvinti da una grazia nascosta e dalla virtù del Cristo, che regna su tutti».

In Sant'Antonio da Padova

Fernando Martins de Bulhões nato a Lisbona, conosciuto come sant'Antonio, il frate taumaturgo di Padova, amava dire che la vita di Gesù Cristo è paragonabile al succedersi delle stagioni. L'inverno corrisponde alla persecuzione di Erode, la primavera rappresenta la predicazione, in cui «apparvero i fiori» del Cantico dei Cantici e fu promessa all'uomo la vita eterna. Ci fu poi «l'estate della passione» – dice nel sermone dell'ottava di Pasqua – che altro non è se non «il giorno dell'ardore» evocato dal profeta Isaia. C'è infine l'«autunno della sua risurrezione», poiché è questa la stagione dei frutti, in cui si «raccoglie il centuplo», come evoca san Matteo nel Vangelo.

Le spezie del paradiso

In quel tempo, nel tempo dell'autunno odoroso, «Maria Maddalena, Maria di Giacomo e Salome comprarono gli aromi per andare ad imbalsamare Gesù»[74]. Ma quali aromi, se non quelli elencati dall'Ecclesiastico? – osserva sant'Antonio nel sermone di Pasqua. Pigmenti soavi, spezie del paradiso: «*storax et galbanus et ungola et gutta*» emanano dal suo corpo santo, «come il balsamo non misturato». Lo storace – insegna il taumaturgo – «stilla da una pianta che lo emana come un liquido mielato» ed è segno delle lacrime di compunzione, con le quali il penitente dona a Dio un profumo più dolce del miele. Il gàlbano poi è una resina, la cui fragranza «mette in fuga i serpenti»: vi è indicata la confessione, che caccia i demoni.

La gutta è invece una lacrima gommosa, un'essenza che «cura ogni indurimento e attenua i gonfiori». Così anche l'umiltà delle lacrime e della penitenza «cura la durezza della mente e reprime l'impudenza del corpo». Ma queste tre spezie non bastano, poiché non è detto beato chi incomincia, ma chi persevera sino alla fine[75]. E allora va aggiunta l'ungola, l'*onyx* dei greci, l'onice di cui parla l'Esodo, che assomiglia proprio all'unghia dell'uomo. Come l'unghia è la parte più esterna del corpo umano, allo stesso modo «lo speziale, cioè il predicatore, deve pestare queste spezie nel mortaio, cioè nel cuore del peccatore, deve agire con il pestello della predicazione e mescolare il balsamo grezzo alla misericordia divina, perché abbia un gusto più gradito all'anima del penitente». Il predicatore, insomma, istruisce i fedeli sulle cose che sono loro necessarie e unge il corpo di Cristo, che è la Chiesa, assieme alle tre sante donne.

La pietra del peccato

E chi sono – spiega il santo di Padova – Maria Maddalena, Maria di Giacomo e Salome, se non la figura di tre virtù dell'anima? Nella Maddalena sta l'«umiltà della mente», poiché piangente è davanti al sepolcro, il primo giorno dopo il sabato, la domenica della risurrezione. È umile poiché guarda al *monumentum* (sepolcro in latino), ovvero «ammonisce» la propria mente e si ricorda del defunto, fissa com'è sul pensiero della morte e della sepoltura. Da qua sorge la penitenza, che la perdona e la salva.

---

[74] Mc 16, 1.

[75] Cf. Mt 10, 22; 24, 13.

In Maria di Giacomo, il cui nome s'interpreta «soppiantatrice», sta il «disprezzo del mondo». È necessario, infatti, che il pane sia azzimo, senza *fermentum* (lievito in latino), perché il mondo è tutto un fervore o bollore: qua è la radice della lussuria, dell'avarizia, che vanno mortificate per il regno dei Cieli. In Salome, infine, sta «la giocondità della pace», secondo la traduzione del suo nome.
Le tre donne, dunque, si trovano al sepolcro con gli aromi, di buon mattino. E trovano la pietra, che è la porta del sepolcro, già rimossa. Secondo sant'Antonio, nella pietra sono espressi due misteri. La pietra, innanzi tutto, «ci ricorda la rivelazione dei sacri misteri di Cristo, che erano coperti dal velo della lettera della legge». La legge, difatti, «era scritta nella pietra», tolta la quale «incominciò ad essere proclamata in tutto il mondo l'abolizione della morte antica e la vita senza fine». Ma la pietra, inoltre, rappresenta il peso del peccato, che viene tolto dal pentimento e dal perdono misericordioso. Il peso del peccato impedisce di rialzarsi. Chi dunque rimuoverà il peso e la pietra? Un angelo, com'è scritto in Matteo. Nell'angelo «è la grazia dello Spirito Santo, che rimuove la pietra dalla porta del sepolcro, sostiene la nostra fragilità, mitiga ogni asprezza e addolcisce con il balsamo del suo amore ogni amarezza».

Immortali e incorrotti assieme al Cristo

Afferma il taumaturgo che nella risurrezione del Signore Gesù si compie la parola dell'Ecclesiastico: «Fiorirà il mandorlo, s'ingrasserà la locusta, sarà disperso il cappero»[76]. Il mandorlo fiorì come la verga di Aronne, in cui sta la sua umanità, condannata all'inizio del mondo in Adamo a morire di morte[77] e rivestita dal Cristo d'immortalità. Non solo, ma il senso morale della fioritura è l'«elargizione dell'elemosina», che nel cristiano deve precedere ogni attività materiale. La locusta è figura della Chiesa primitiva, «che con il fiore della risurrezione del Signore s'ingrandì e fu riempita di meravigliosa letizia». Al pari della locusta che salta e vola, «nel giorno della Pentecoste lo Spirito Santo la infiammò, fece in tutto il mondo i salti e i voli della predicazione».
La locusta, inoltre, è simile alla «consolazione del povero», che è l'elemosina, poiché essa *impinguabitur* (s'impinguerà), al pari della bolla d'aria leggera che s'innalza nell'acqua. Allo stesso modo, la devozione nei confronti del povero s'innalza pingue fino a Dio, che rimette i peccati del caritatevole. Nel cappero, «che è una pianticella che s'attacca alla pietra», è percepita l'avarizia, che è però distrutta quando il nostro cuore si stacca dal desiderio di possesso. Dove allora il cappero si è staccato dalla pietra – dice sant'Antonio – «la morte è stata ingoiata per la vittoria» e il corpo corrotto e mortale si è rivestito incorrotto d'immortalità, come scrive san Paolo.

---

[76] Sir 12, 5.
[77] Cf. Gen 2, 17.

In sant'Agostino d'Ippona

Sant'Agostino d'Ippona, Padre e Dottore premedievale della Chiesa, ripercorre ogni fase della passione, morte e risurrezione di nostro Signore nel suo *Commento al Vangelo di Giovanni*, redatto intorno all'anno 416. Si tratta di una raccolta di omelie, frutto della sua predicazione al popolo, quando era già stato consacrato vescovo dalle mani di Megalio, primate di Numidia.
Sant'Agostino predilige il quarto Vangelo poiché considera san Giovanni apostolo il discepolo più vicino a Gesù Cristo e colui che seppe coglierne l'insegnamento con maggiore profondità. Al Dottore d'Ippona interessa, soprattutto, restituire al popolo l'immagine autentica del Salvatore, perché è convinto che la maggior parte delle eresie siano fondate su un'errata elaborazione della cristologia. L'esegesi agostiniana delle Scritture e del quarto Vangelo, in particolare, è forse un modello di cosa sia la teologia e di come presentare le questioni, per via della semplicità dell'espressione e dell'acume con cui vengono sondati i misteri.

L'inizio dei dolori

La passione di Gesù comincia a farsi amara al di là del torrente Cedron, nel giardino del Getsemani. Per impedirne l'arresto, Simon Pietro sguaina la spada e colpisce all'orecchio Malco, il servo del sommo sacerdote. Quel lobo d'orecchio tagliato «fa parte dell'uomo vecchio» – dice Agostino – poi suturato dal Maestro, come simbolo di ciò che si ascolta «in novità di spirito e non in vetustà di lettera». Bisogna riporre la spada, perché il Figlio di Dio vuole bere il calice della passione, del quale è anche l'autore. Contro una certa esegesi che tende a giustificare Giuda Iscariota e il suo tradimento, Agostino risponde che il traditore «non è da lodare per l'utilità del suo tradimento, ma da condannare per la sua volontà criminale». S'intende affermare che la provvidenza di Dio si serve anche del male, ma questo non giustifica il malvagio, sempre libero di scegliere tra bene e male.
Non solo Giuda tradisce Gesù, ma pure Simon Pietro lo rinnega apertamente davanti a una serva. Il peccato di Pietro non è meno grave di quello di Giuda: «Se Pietro fosse uscito da questa vita dopo aver rinnegato Cristo, certamente si sarebbe perduto». E il tradimento non consiste solo nel rinnegare il Cristo, ma anche nel nascondersi, come quando qualcuno, pur «essendo cristiano, dice di non esserlo». Pietro, infatti negò di essere tra i discepoli del Maestro.
Dinnanzi a Ponzio Pilato, si consuma uno strano dialogo tra questo funzionario della Giudea procuratoria e il Cristo, che a volte tace e a volte parla. Quando egli «non risponde, tace come pecora; quando risponde, insegna come pastore». Gesù ammette la propria regalità, ma specifica che il suo regno «non è di quaggiù», di questo mondo, nel senso che è «peregrinante nel mondo» – osserva Agostino. O meglio: il regno di Dio «è quaggiù fino alla fine dei secoli, portando mescolata nel suo grembo la zizzania», ma non sarà più di questo mondo «tutto ciò che in Cristo è stato rigenerato». È rigenerato solo colui che «ascolta la sua voce», ovvero chi «obbedisce» a questa sua voce. Non i soli uditori sono rigenerati, ma coloro che odono la Parola e la mettono in pratica.

Le quattro direzioni della salvezza

In tutta questa vicenda sono riconoscibili colpevoli e innocenti. Secondo il Dottore, Cristo fu messo a morte dai Giudei, con l'aggravante di essersi serviti dei pagani di Roma. E, dunque, «i pagani, in questo delitto, sono meno colpevoli dei Giudei». Questo però non significa che Pilato fosse innocente. Chi ha consegnato il Cristo «lo ha fatto per odio», mentre Pilato agì «per paura». Pilato, tuttavia, «non è innocente per il solo fatto che i Giudei sono più colpevoli di lui». Colpevoli entrambi, seppure sia «più grave uccidere per odio che per paura». Quanto alla motivazione della condanna, che il procuratore fece affiggere sulla croce – "Gesù Nazareno, Re dei Giudei" – va inteso nel senso di «re di tutte le genti», a motivo che il nuovo Israele è composto da tutti i circoncisi nel cuore (i cristiani), «secondo lo spirito e non secondo la lettera».
Solo l'evangelista Giovanni fa trapelare il numero dei soldati che crocifissero Gesù: come l'ebbero crocifisso, «presero le sue vesti e ne fecero quattro parti, una parte per ciascun soldato, e la tunica»[78]. Da qua si evince che la crocifissione fu ad opera di quattro soldati romani, che poi tirarono la sorte sulle parti del vestito e sulla tunica. Agostino svela il senso arcano di tutto l'episodio. La veste divisa in quattro raffigura la Chiesa di Cristo «distribuita in quattro parti, cioè diffusa in tutto il mondo». Il mondo, infatti, si stende su quattro parti: «oriente, occidente, aquilone e mezzogiorno». La tunica no. È la tunica *inconsutilis* – inconsutile, senza cuciture, la quale non si può dividere. Essa «significa l'unità di tutte le parti, saldate insieme dal vincolo della carità». Da questa unità la Chiesa prende il nome di «cattolica», che in greco significa «universale».
Lo stesso orientamento lo si riscontra nella croce, sviluppata in «larghezza, lunghezza, altezza e profondità»[79]. La croce è «larga» – dice Agostino – in senso spaziale, per via del *patibulum* orizzontale, sul quale vennero inchiodate le mani del Cristo. Esso è la figura delle «opere buone, compiute nella larghezza della carità». Lo *stipes* verticale, che ne sostenne i piedi inchiodati, è figura della «perseveranza attraverso la lunghezza del tempo, sino alla fine». Si tratta della santità paziente. Lo *stipes*, inoltre, ha una sommità e una parte piantata nella terra. La sommità è «alta» e «significa il fine soprannaturale al quale sono ordinate tutte le opere». E questo fine, altissimo, è la gloria di Dio e la salvezza delle anime. La parte inferiore, conficcata in terra, «significa che tutte le nostre buone azioni e tutti i beni scaturiscono dalla profondità della grazia di Dio», occultata alla vista e incomprensibile al giudizio umano.

L'opera della Ss. Trinità

Il legno della croce è, quindi, una «cattedra» sulla quale è assiso il Maestro «che insegna». Gesù Cristo ha la capacità di manifestare la massima impotenza e, contemporaneamente, la potenza più grande. L'«umanità visibile» del Figlio di Dio «accettava le sofferenze della passione, che la divinità nascosta disponeva in tutti i particolari». Nell'incapacità materiale di gestire alcunché, Egli in realtà gestisce ogni istante di quanto si va consumando. Completamente libero di donare la sua vita, in sacrificio per i peccatori, Gesù se la riprende nella risurrezione, secondo i modi e i tempi stabiliti dalla sua divina provvidenza. E, tuttavia, l'opera della salvezza non è solo opera del Cristo, ma di tutta la Ss. Trinità, per via dell'unione sostanziale delle Persone. Per questo motivo il Cristo

---

[78] Gv 19, 23.
[79] Ef 3, 18.

dispone della storia, ma anche obbedisce al Padre. E quando entra nel grembo della Vergine, così come a porte chiuse nel luogo in cui sono riuniti gli apostoli, fa quello che fa lo Spirito Santo, che «non è soltanto del Padre, ma anche suo».
Maria Maddalena e gli apostoli non comprendono ancora tutto questo, perché hanno di Dio un'idea tutta umana. Il Gesù risorto allora dice alla Maddalena «non mi toccare»: cioè, non credere in me secondo l'idea che ti sei fatta. Si fa invece toccare da Tommaso, che giunge alla fede ed esclama: «mio Signore e mio Dio»!

La grandezza dei santi

Se Gesù, prima della morte in croce, tratta spesso della Chiesa militante, dopo la risurrezione – sulla riva del lago di Tiberiade – si manifesta con rinnovata solennità e accenna al mistero della Chiesa trionfante. Prima di chiamare a se i primi apostoli, Gesù fa gettare le reti da pesca, che quasi si rompono per la quantità di pesci raccolti. Agostino spiega che si tratta di un'allegoria: è la Chiesa nella storia, composta di pesci buoni e cattivi, che saranno separati alla fine del mondo, per la salvezza e per la dannazione eterna. In tal modo gli apostoli diventano «pescatori di uomini». Dopo la risurrezione, però, tutto è cambiato. Gli apostoli sono ridiventati semplici pescatori e gettano di nuovo la rete. Ne ottengono centocinquantatre grossi pesci, che la rete contiene senza rompersi. E nel numero è nascosto un grande mistero, che il Dottore d'Ippona riesce appena a cogliere.
Il numero dieci appartiene alla legge, poiché dieci sono i comandamenti di Dio. Il sette appartiene alla grazia: sette i giorni della creazione, settimo il giorno della risurrezione, sette i doni dello Spirito Santo. La salvezza è nella legge e nella grazia, nel dieci aggiunto al sette; nel diciassette. E la somma dei numeri dall'uno al diciassette – osserva Agostino – è proprio l'evangelico centocinquantatre, numero metafisico della totalità di coloro che si salvano. Mentre dunque la Chiesa militante «non riesce a tenere testa all'enorme massa» di coloro che vi entrano e la corrompono «con dei costumi del tutto estranei alla vita dei santi», la Chiesa trionfante degli eletti non rompe le reti della propria essenza e prospera in eterno, nella gloria del paradiso. Non solo, ma di lassù la grandezza dei santi sarà tale che «il più piccolo di loro è maggiore di chi sulla terra è più grande di tutti».

MISTERO DEL NATALE

IN SAN BONAVENTURA DA BAGNOREGIO

Proprio durante la Notte santa, quando il Verbo scendeva dalle sue dimore eterne ad abitare presso le dimore terrene degli uomini, «il silenzio d'una pace universale aveva calmato i secoli, agitati da lungo tempo». Se uno dei doni spirituali che si cercano nel Natale è il «placido silenzio» notturno, di cui è scritto nel libro della Sapienza[80], uno dei santi più indicati a trattarne è il frate francescano Bonaventura da Bagnoregio (1217-1274), mistico e teologo tra i più autorevoli, nonché Dottore Serafico della Chiesa. Nell'opera *L'albero della Vita*, al c. IV, il santo scrive dunque di silenzio, di pace e di calma che si oppongono all'agitazione dei secoli. È forse il Bonaventura più autentico quello che parla di Gesù bambino, del Figlio di Dio che si è incarnato certamente per la «nuova redenzione» ma, primariamente, per «l'antica riparazione» (*ibid.*).

Riparazione e redenzione

Quanto alla carità – all'amore più profondo –, il Figlio si è incarnato per la redenzione dell'uomo, ovvero per redimere - *re[d] emere*, ricomprare, liberare - l'uomo che, con il peccato, si era venduto al demonio e alla sua perdizione. È però da precisare che, per compiere innanzi tutto ogni verità e ogni giustizia, il Figlio ha preso dimora nella carne per «*reparare*» (riparare) l'enorme offesa fatta al Padre e allo Spirito Santo mediante il peccato degli uomini. A questo proposito San Bonaventura, nel *Breviloquio* ad esempio, specifica che «l'onore sottratto a Dio per superbia e disobbedienza» è stato «riparato» dai meriti di Gesù Cristo, il quale offrì «un ossequio che soddisfa» e aggiunge – citando il teologo Sant'Anselmo d'Aosta – che «soddisfare» significa «restituire l'onore dovuto a Dio» (p. IV, c. IX). E l'onore fu restituito a Dio perché il Figlio, incarnandosi, scelse di condividere con l'uomo la sofferenza, la morte e ogni altra miseria materiale o spirituale, eccetto il peccato. Mediante la Passione e la morte in Croce, il Figlio riscattò l'onore di Dio e salvò l'uomo dalla dannazione eterna.

Il Serafico, nel *Breviloquio*, tratta ampiamente del peccato di Adamo e dell'incarnazione del Verbo. Il termine «riparazione», ad ogni modo, non è riferito soltanto a Dio, ma anche all'uomo che, per il peccato, «da spirituale era divenuto carnale» (p. IV, c. I). In questo caso, «riparazione» diventa sinonimo di «redenzione». Anzi, la riparazione avviene con la redenzione: «il primo principio», Dio cioè, è «ripartivo nel redimere» («*reparativum remediando*», p. IV, c. II). Con tutta evidenza si parla della riparazione della natura umana, corrotta e danneggiata dal peccato originale (adamitico) e indebolita dall'attuale (peccati quotidiani personali).

Comunque, il santo Dottore, ritorna sulla gloria da restituire a Dio anche nel *Commento al Vangelo secondo Luca* (*In Luc.*). Quando l'esercito angelico celeste – scrive – esultò dinnanzi ai pastori di Betlemme per la nascita di Gesù, antepose il verso "Gloria a Dio nel più alto dei cieli" a "pace in terra agli uomini che egli ama" (*cf.* op. cit. c. II, n. 27). Dio stesso dunque, per bocca degli angeli, si riserva la gloria e la pone «prima della pace in terra, poiché non può avere pace chi tenta di usurpare la gloria di Dio» (*ibid.*).

---

[80] Sap 18, 14.

La santa Famiglia intraprende il viaggio

Nel Commentario *In Luc.* è spiegato il racconto lucano della nascita di Gesù. San Luca è ritenuto il più "natalizio" degli evangelisti, perché descrive non solo i fatti di Betlemme, ma anche l'episodio dell'Annunciazione alla beata Vergine Maria del divino concepimento e la nascita di san Giovanni Battista dai santi Elisabetta e Zaccaria. Bonaventura non condanna il censimento pianificato da Cesare Augusto, che portò Giuseppe e Maria a Betlemme e che, di fatto, compie le profezie sull'appartenenza giudaica del Messia: «Questo censimento fu fatto non per vanità, come quello di Davide [in 2Re 24, *ndr*], ma per utilità dell'impero [...] e questo è segno di precisione, non di superbia» (c. II, n. 4). Non è dunque «da disprezzare in alcun modo il mandato di chi governa» che, in questo caso, è associato alla Provvidenza divina: «appare chiaro come il comando degli uomini è al servizio di quello divino» (c. II, n. 8).

In ogni caso, è quasi superfluo constatare che il viaggio della santa Famiglia verso Betlemme non fu una piacevole vacanza. Maria e Giuseppe intrapresero il cammino per umiltà e sottomissione a Dio e al potere politico costituito. Maria, inoltre, era incinta e stavano per compiersi i giorni del parto. Fatica, spossatezza, sconforto, freddo, fame e - perché no? – mal di testa o di denti accompagnarono i due sposi lungo il tragitto, reso impervio anche dal freddo delle montagne di Giuda.

L'incubo si trasforma in poetico incanto

Nelle *Meditazioni sulla vita di Gesù Cristo*, il Serafico riporta con precisione il *pathos* di quell'avventura singolare. Al capitolo VII scrive: «Essi [Maria e Giuseppe, *ndr*] portarono con se un bue e un asino e s'incamminarono così, come poveri commercianti che vanno alla fiera». Giunti a Betlemme non trovarono un posto dove alloggiare, a causa della loro povertà. «Tutti li rifiutarono – specifica Bonaventura – lei e suo marito. Mostrate la vostra compassione per Maria e considerate questa Vergine minuta e delicata», affaticata anche per la confusione di vivere in mezzo alla gran folla adunatasi per il censimento. A questo punto dello scritto il santo Dottore sorprende i lettori e riporta una confidenza di un suo santo fratello francescano, circa una visione che ebbe della natività: vide la santa Famiglia entrare in un «posto coperto, dove i paesani erano abituati a ripararsi dalla pioggia» e vide Giuseppe che, da bravo falegname, «chiuse l'entrata come poté». Cuore della notte; Domenica. Entrambi gli sposi taciturni e mortificati. Giuseppe, in particolare, «era seduto, l'anima piena di tristezza, per quello che non poteva offrire di adeguato in tali circostanze. Si levò e prese del fieno dalla mangiatoia. Lo stese ai piedi di Maria e si ritirò da un'altra parte». Maria, nel frattempo, era in piedi, appoggiata ad una colonna. D'un tratto il prodigio: «allora il Figlio di Dio eterno uscì dal grembo di sua madre senza farle sentire alcun dolore, senza farle subire alcuna lesione. E si trovò, nel medesimo istante, trasportato miracolosamente sul fieno che era ai piedi di sua madre».

Da quel momento tutto assunse una luce diversa. La "luce vera" ha il potere di trasformare le tragedie e il bivacco di due poveri viandanti si trasforma nella peculiarità del Natale. La tristezza partorisce la beata tranquillità e l'anima morta riprende vita. La morsa del ghiaccio diviene poesia di neve.

Solo i puri di cuore vedranno Dio

Eppure, materialmente, nulla sembra cambiato. San Bonaventura, nel Commentario *In Luc.*, insiste molto sulla povertà di Gesù e dei suoi genitori. Non a caso: anche il frate di Bagnoregio, al pari di San Francesco d'Assisi, s'era già da tempo ammogliato con Madonna Povertà. Il Bimbo divino non ebbe nemmeno un vestito, ma fu avvolto «in molti panni cenciosi, perché potesse essere detto povero» (c. II, n. 11). Ebbe per culla una mangiatoia, perché «Egli è il cibo dei semplici e degli umili» (c. II, n. 13).
Ma chi può riconoscerlo come Dio? Chi può credere prontamente al giubilo degli angeli? Soltanto chi si fa trovare pronto quando Egli passa; quando passa il Signore. E così i pastori furono avvolti dal «fulgore di Dio», che «rifulse intorno ad essi»: essi vigilavano, «vegliavano di notte a guardia del loro gregge» (c. II, n. 18-21). L'Angelo apparve a loro in quanto «vigili», «poveri» e «semplici». Recatisi poi a Betlemme e trovata la santa Famiglia nella fredda capanna, i pastori se ne tornarono «glorificando e lodando Dio», perché – spiega Bonaventura – gli umili sono zelanti, devoti e riconoscenti per i doni ricevuti da Dio (*ibid.*). Dobbiamo forse ricordarlo? Tutto era cambiato nei loro cuori.

Cristo, il delicato mediatore di ogni grazia

La teologia di San Bonaventura è fortemente cristocentrica, nel senso che la figura del Cristo è spesso legata al concetto aristotelico ed agostiniano di "*medium*". Cristo è il "medio", il mediatore tra la natura umana e la divina. È la misura, il criterio per ogni significato, l'artefice della riconciliazione tra Dio e l'uomo. «Quello che c'è di più basso unito a quello che c'è di più elevato», scrive il santo Dottore ne *Il dardo dell'amore divino.* Nella *Prima conferenza* (L'incarnazione del Verbo), nota poi che il Verbo, incarnandosi, realizza quanto profetizza Apocalisse 6, 12: «Il sole divenne nero come sacco di crine», nel senso che il Figlio di Dio accettò di rivestirsi dell'oscurità carnale per amore. Ma la delicatezza di Gesù Cristo nei confronti del peccatore non si limita nemmeno alla redenzione. Egli si è fatto uno di noi – scrive San Bonaventura sempre nella suddetta conferenza – anche perché il peccatore non «arrossisca dinnanzi a lui» e possa guardarlo senza soggezione. «La forza ha rivestito l'infermità e la saggezza la semplicità» perché «io non abbia ad essere confuso in sua presenza».

La sapienza dei Magi

Attenzione all'equivoco. La sapienza dei Magi è una scienza segreta non perché esoterica, ma per la mancanza di umiltà degli uomini, ai quali è destinata. Il Dio che vuole tutti salvi, infatti, desidera pure che tutti giungano umilmente alla conoscenza della verità. Dice Gesù, a questo proposito: «A voi è dato di conoscere il mistero del regno di Dio»[81]. Quanto s'ingannano coloro i quali credono che la sapienza dei Magi sia la magia! E tuttavia, assieme ad essi, fu compiuta l'Opera dei filosofi, di cui parlava San Tommaso, che è l'Opera di Dio, concepita nella docilità, gestata nello sfinimento e partorita tra le bestie da soma.
Sfogliamo dunque le antiche pagine e leggiamo di quella lunga traversata, che porta al giardino di Dio, attraverso sentieri segreti e impervi, porte strette e nascoste, giudizi arcani e conclusivi.

I tre grandi e umili Savi

All'inizio, non alla fine, sono le virtù donate all'uomo della sapienza e dell'intelletto, dice il profeta Isaia. Ma per descrivere la settiforme grazia dello Spirito Santo è conveniente partire dalla fine, dice san Bonaventura, cioè dal dono del timor di Dio, senza il quale l'anima superba non si prostra degnamente al cospetto del Creatore. Ecco, dunque, i «tre Savi» – dice il Gesù di Maria Valtorta – «realmente grandi, innanzi tutto per virtù soprannaturale, poi per scienza e, infine, per l'effettiva ricchezza materiale». Al sorgere della stella – naturale, tra le costellazioni naturali – ne computarono il nome messianico con il calcolo astronomico, armati solo della «loro riflessione, che una vita integra faceva perfetta». Veramente saggi e umili i tre sapienti: essi solo riuscirono nel proposito, tra i molti studiosi di segni. Anime grandi, poiché «use alla meditazione». Essi ebbero «una coscienza sensibilissima, affinata da un'attenzione costante, da un'introspezione acuta, che ha fatto del loro interno uno specchio, su cui si riflettono le più piccole larve degli avvenimenti giornalieri».
Come avviene sempre nei santi, la coscienza divenne per loro una maestra, «una voce che avverte e grida al più piccolo, non dico errore, ma sguardo all'errore». Non si compiacquero di se stessi, ma partirono non appena compresero il segno, senza cura alcuna delle difficoltà, della paura di finire nelle mani dei delinquenti, di perdere la strada, di morire in preda alle febbri o alle malattie, di finire marciti sotto le piogge o il calore dei deserti. Hanno avuto fede. In tutto: «nella scienza, nella coscienza, nella bontà divina».

La presunzione dei figli di Abramo

Non appena, quindi, nacque a Betlemme il Santo Bambino, i Magi videro un astro apparire nel cielo e, dopo averne compreso il significato, si apprestarono a partire dai loro paesi. Il viaggio verso la Palestina durò circa un anno e l'Epifania va collocata, per questo motivo, al tempo in cui Gesù aveva un'età compresa tra i nove e i dodici mesi. Nessuno dei tre sapeva degli altri. L'africano lasciò le sue terre, da dove nasce il Nilo. Il

[81] Mc 4, 11.

persiano lasciò l'Asia minore. Il tartaro lasciò l'estremo oriente. Ognuno studiò la stella e partì per conto proprio, scortato da paggi e scudieri. Si ritrovarono al di là del Mar Morto e, come nell'Eden o come nella Pentecoste, si compresero subito e senza difficoltà, nonostante parlassero lingue diverse. Con loro estremo disappunto la stella scomparve, per un certo tempo. Sapendo però che il Messia sarebbe stato chiamato "Re dei Giudei", puntarono alla volta di Gerusalemme, per chiedere informazioni.
Non avrebbero mai pensato che, proprio a Gerusalemme, fossero tutti diventati ciechi. E ciechi non perché non videro sorgere il mistico astro, ma in quanto empi e accecati dall'ipocrisia, a cominciare dal re Erode, dagli scribi e dai farisei. Perché mai i sacerdoti non corsero a Betlemme, dopo avere letto con certezza le profezie messianiche ad Erode? Lo spiega Hyacinthe de Montargon, predicatore del re di Francia, nel suo *Dizionario apostolico* (1758). L'errore in cui caddero gli scribi – simile a quello dei cristiani contemporanei – «fu quello di riporre tutta la loro religione nella sottomissione dello spirito, e l'uso della fede nel non dubitare degli articoli da essa proposti». Alla fede cioè non seguirono le opere, poiché «provarono piacere di non vedersi avvolti tra coloro a cui la verità si nasconde». La cosa è nota dal Vangelo: "abbiamo Abramo per padre" e ci basta – dicevano – non sapendo che Dio, se avesse voluto, avrebbe potuto trarre dei figli di Abramo anche dai sassi[82].

C'è poca poesia durante la fatica

Fu così che, ciò che per i tre Savi fu causa di luce interiore e salvezza, per gli ebrei fu accecamento e perdizione. Dice san Cipriano, a questo proposito: «gli stessi oggetti che sono motivo d'allegrezza per gli eletti, lo sono di tristezza per gl'iniqui». I Magi, a Gerusalemme, restano assai rammaricati per la scomparsa della stella, ma almeno ottengono dai sacerdoti di Erode il nome di Betlemme, la città di provenienza del Salvatore, indicata dal profeta Michea. E verso essa si dirigono.
Finora il viaggio era stato faticoso. La poesia natalizia era passata presto, dopo l'emozione iniziale, quando sorse il nuovo astro. A parte qualche momento di euforia, lo sconforto era spesso prevalso. Mal di testa, molte notti insonni, alcune ferite e momenti di forte nausea. Ora l'angoscia, poi di nuovo una rinata fiducia. Ora la mortificazione, poi di nuovo la speranza che fa capolino. Qualcosa di simile capitò un anno prima a Maria incinta e a Giuseppe, in viaggio verso Betlemme per il censimento d'Augusto. Infreddoliti e stanchi, piansero quasi, non trovando un posto nel caravanserraglio. Altro che Natale! Neanche un soffio di poesia scendeva a lenire il mal di testa e la spossatezza. Eppure il Natale venne eccome, di lì a poco.

L'incontro

E ora i Magi giungono a Betlemme che ancora è notte. Il loro cuore è, però, tutt'altro che triste. Non solo la stella è comparsa di nuovo, ma adesso non è più l'astro immobile di una qualche costellazione. Ha preso vita: è un globo che sembra uno zaffiro enorme. Si muove e ha pure una scia del colore del topazio, del rubino e dell'ametista, «che spazza il cielo con un moto veloce e ondulante». Nessun betlemmita la vede. Tutti

[82] Cf. Lc 3, 8.

dormono e la cittadina è come uno di quei paesi da fiaba, coperti di neve. Così scrive la Valtorta.
Il globo alla fine si ferma sopra una casetta, nella piazza attigua al caravanserraglio. In esso la carovana fa sosta. Solo dopo alcune ore, a mattina inoltrata, i paggi entrano nel vestibolo della casetta, di modo che gli occupanti si possano preparare a ricevere una visita. Dopo un quarto d'ora i tre Savi, in abiti sontuosi, varcano la soglia, accompagnati dai paggi e dai pesanti doni in loro possesso. Maria li riceve seduta, con il Bambino in braccio. Giuseppe è in piedi e non parla. I Magi parlano, ma in ginocchio, nonostante Maria vorrebbe farli accomodare. Si prostrano e adorano il Bimbo, con il capo che tocca il pavimento. Alcuni curiosi aprono delle porte che danno sul vestibolo, per osservare l'incredibile scena.
Il Bambinello è felice, scherza con le loro mani e con i preziosi intarsi che pendono tra gli abiti. Dopo il colloquio escono tutti all'aperto per il commiato. Giuseppe, aggiustando le staffe, aiuta i Savi a salire a cavallo. Maria sorride e prende la manina di Gesù per salutare gli ospiti, che con un ultimo inchino salutano di rimando. Si è ripetuto il Natale per una seconda volta.

Di segni ce ne sono a sufficienza

E per la seconda volta il Natale passò in fretta: la notte seguente Giuseppe dovette fuggire verso l'Egitto, assieme a Maria e a Gesù, per eludere la persecuzione di Erode. Qua sta la fede e la costanza dei santi, com'è scritto nell'Apocalisse.
Non che i santi Magi non fossero «peccatori e superstiziosi» – scrive il Montargon – ma attraverso loro Dio volle «insegnare che il grande non deve montare in orgoglio, né il peccatore disperarsi». E ancora: «non v'è nulla di più sorprendente quanto la sottomissione dei Magi ai lumi della fede, la loro corrispondenza alla grazia», quando obbedienti e solleciti si danno interamente a Dio. Parecchi cristiani annegano nella tiepidezza e dicono: "se anche noi vedessimo la stella dei Magi, la seguiremmo senz'altro". Ma non è forse la nostra vita costellata da molte stelle mistiche quotidiane? Non sono esse forse «quegli esempi edificanti che osserviamo, quegli ottimi libri che leggiamo, quelle sante ispirazioni che proviamo e quelle pie considerazioni che facciamo»? Per una sola luce quei Savi pagani si mossero nell'impegno di una lunga fatica e noi, che possediamo mille altre luci di grazia, non dovremmo subito leggere negli eventi i segni dei tempi?

Ci voleva il genio teologico di sant'Antonio da Padova per fare la radiografia al Natale. Questo santo ha la capacità di scarnificare la Sacra Scrittura e arrivare al midollo. È come tuffarsi nell'oceano e scendere negli abissi. Sembra non vi sia un segreto che sant'Antonio non possa cogliere tra le parole del testo: e non si smentisce neppure nel *Sermo in Nativitate Domini* dove, dagli eventi di Betlemme, sa trarre una pressante esortazione alla penitenza. Nel testo è assente il tono dell'angoscia e in nulla somiglia alla lamentazione veterotestamentaria. Al contrario, i concetti sono spiegati con sapienza e il lettore viene introdotto ai misteri nella purezza delle parole.

Le lacrime della penitenza

Dietro al «censimento» di tutta la terra, ordinato da Cesare Augusto, sant'Antonio vede la figura del peccatore, che descrive e fa l'elenco dei propri peccati, per confessarli e abbandonarli. Non a caso il mondo è l'«orbe», il cerchio, simile alla vita dell'uomo, che nasce dalla terra e vi ritorna. Il circolo indica che l'uomo «deve descrivere», davanti a Dio, «i peccati commessi con il cuore, con la bocca, con le azioni», nonché «i peccati di omissione e le loro circostanze». Lo stesso nome di Maria è un simbolo, che s'interpreta «mare amaro», nel senso che il penitente è colui che piange lacrime amare e cerca la confessione, per estinguere la tristezza e la contrizione del cuore. Come Maria era incinta, anche colui che piange contrito «impregna di timore l'anima, affinché concepisca e partorisca lo spirito di salvezza».

Non che Maria abbia avuto bisogno della confessione, ma si fa registrare per il censimento assieme a Giuseppe, in obbedienza e in umiltà al volere di Dio e per indicare ai peccatori la strada della salvezza. La Vergine, dunque, partorì il suo figlio unigenito, che però è chiamato «primogenito» dalla Scrittura, non perché Gesù ebbe altri fratelli di sangue, ma perché il Cristo è «il primogenito tra i morti»[83] e il «primogenito tra molti fratelli»[84].

Il Bambinello fu avvolto in fasce – osserva Antonio – così come le medesime fasce lo avvolsero nella tomba, dopo il supplizio della croce. Le fasce sono il simbolo dell'«innocenza battesimale»: è beato chi rimarrà avvolto in fasce fino alla fine della propria vita. E così la Sacra Famiglia, nella povertà, non avendo trovato posto nell'albergo, dovette rifugiarsi in una stalla, sulla strada – in latino «*diversorium*» – proprio perché in essa «si arriva da diverse strade».

L'umiltà e la povertà del Bambinello

Sant'Antonio continua poi a superare il senso letterale del Vangelo e s'immerge nel senso allegorico del passo di Luca 2, 8: «C'erano in quella regione alcuni pastori che vegliavano di notte e custodivano il loro gregge». Le «veglie» dei pastori qui menzionate possono essere una similitudine delle «*vigiliae*», i quattro turni di guardia con cui i romani dividevano il tempo notturno. Le quattro veglie sono altrettante «stazioni», allegorie cioè

[83] Col 1, 18.
[84] Rm 8, 29.

della nostra nascita impura, della nostra malizia attuale, della miseria del nostro pellegrinaggio terreno e del pensiero della morte. Per la salvezza è necessario, allora, che durante le veglie i pastori (gli uomini tutti) umilino se stessi, si mortifichino, piangano e ottengano il timor di Dio. Sarà bene anche che i pastori veglino sul gregge (buoni pensieri), perché non sia rubato dal predone (il diavolo) o assalito dal lupo (la concupiscenza della carne).
Da questi atti di pentimento, sgorga la gioia per la nascita di Colui che ci salva «dalla schiavitù del diavolo e dall'ergastolo dell'inferno». Il Bambinello giace «in fasce, dentro una mangiatoia», ovvero nell'«umiltà» e nella «povertà»: i due segni che corrispondono, nell'uomo peccatore e penitente, alla «fede» e alle «opere», senza le quali si va in rovina. Gesù, inoltre, ama essere chiamato «bambino», poiché se al bambino gli fai un'ingiuria, basta portare a lui un fiore e subito si dimentica del male e corre ad abbracciarti.
Allo stesso modo, il penitente porta a Gesù il fiore della contrizione e subito Dio lo perdona. Come dice Isaia: «Il lattante si trastullerà sulla buca dell'aspide, il bambino metterà la sua mano nel covo del serpente velenoso»[85]. Il lattante è il Bambinello che strappa Satana, il serpente, dal cuore dell'uomo, «con la potenza della sua divinità».

Consolazione e gloria beata

Nel *Sermone* insomma sant'Antonio compendia l'arco intero dell'incarnazione del Cristo, che riunisce la discesa a Betlemme e la salita al Calvario. Quanto più Antonio scruta la sofferenza del Figlio di Dio, tanto più centrale si fa la vicenda del peccatore pentito, a cui è rivolto l'amore della Ss Trinità e il sacrificio del Salvatore. Il bambino è la figura del «penitente convertito», in tutto simile a Gesù. E Gesù è adombrato in Issacar, nono figlio di Giacobbe, del quale si dice: «È un asino robusto, sdraiato entro i confini. Ha visto che il riposo era bello e che la terra era ottima. Ha piegato le spalle a portare pesi»[86]. Come Issacar – dice il santo di Padova – il penitente somiglia all'«asino robusto» dell'Ecclesiastico (33, 25), a cui spettano «cibarie, bastone e soma»: ovvero il cibo umile, «il bastone della povertà, perché non insolentisca e non recalcitri» e la soma, che è «il peso dell'obbedienza affinché non si disabitui alla fatica». Ebbene, sono questi i «tre rimedi» che preparano «la medicina per il penitente».
Il Natale, dunque, prima che poesia, vuole essere medicina e cura. Gesù bambino è Messia e Dottore. Egli non si limita a somministrare la mirra del dolore, ma si fa mirra e dolore per l'uomo. E il frutto di tanto patimento non è la tristezza, né la disperazione, ma la poesia, la neve candida, il presepe, le lacrime commosse e liberatorie. I due «confini», tra i quali è sdraiato Issacar il penitente, «sono l'ingresso alla vita e l'uscita da essa, la nascita e la morte». Lo stolto impenitente, al contrario, non sta tra i confini, ma se ne fugge al centro, che «è la vanità del secolo, di questo tempo», dice Antonio. Qui è tenebra. Là, tra i confini, è luce e consolazione, «riposo e gloria beata», prima ancora che il Signore ritorni.

I figli ereditano tutto dal Padre

---

[85] Is 11, 8-9.
[86] Gen 49, 14-15.

Non solo di Gesù – qua è la sostanza del *Sermone* – è detto in Isaia: «E sarà chiamato ammirabile, consigliere, Dio, forte, padre del secolo futuro, principe della pace» (9, 6). Tutti questi titoli, dice sant'Antonio, sono interamente applicabili anche all'uomo, convertito e penitente. La penitenza, quindi, rende l'uomo «ammirabile», poiché «nel diligente esame e nella frequente revisione di se stesso» vede «cose meravigliose nel profondo del suo cuore», come Giobbe, ammirato da tutto il mondo per la sua pazienza. L'umiltà, poi, fa l'uomo «consigliere nelle necessità corporali e spirituali del prossimo».
All'uomo, per quanto possa sembrare sorprendente, è pure applicabile il termine «Dio», nel senso che «è chiamato "dio" solo di nome, in quanto fa le veci di Dio», come le fece Mosè, costituito «dio» del Faraone – «*Ecce constitui te deum Pharaonis*»[87]. Non deve stupire che all'umiltà segua la divinità. È scritto nel Salmo 81: «Io ho detto: voi siete Dei». E il Padre infatti non vuole negare nulla ai suoi figli. Neppure la divinità.
Il penitente, inoltre, è «forte nel combattere le tentazioni». Quando l'uomo si fa umile, somiglia a Sansone, che fece a pezzi il leone infuriato, come si fosse trattato di un capretto[88]. In altre parole – spiega sant'Antonio – quando lo spirito della contrizione «investe il penitente, questi squarta lo spirito di superbia simboleggiato nel leone, e fa a pezzi lo spirito di lussuria». Il convertito è, infine, «padre del secolo futuro» e «principe della pace», al pari di Gesù Cristo. Questo accade perché il destino di chi si salva è la vita eterna, dopo essere riuscito a pacificare anche le passioni della carne.

Il presepe e lo scriba

Il santo indica in Giuseppe «il vero penitente», della stirpe del re Davide, cioè di colui che «veramente si pentì». Lo sposo di Maria accompagna sua moglie incinta, nel senso che partecipa con essa ai dolori del parto. Il peccatore pentito è simile alla partoriente di cui parla Isaia: «O Signore, abbiamo concepito, abbiamo sofferto i dolori del parto, abbiamo partorito lo Spirito di salvezza»[89]. Per questo motivo «il volto di Cristo, che verrà per il giudizio, impregna di timore l'anima, affinché concepisca e partorisca» questo Spirito altissimo.
La partoriente è nella grotta, povera e al freddo, ma non è sola. Sta muta con lo Spirito, che è una luce potente fra le stelle, ma tremula e fumigante tra gli alberi notturni. Tutto appare debole, caduco e leggero, come la neve. Tutto è bianco e non rosso come il fuoco. Tutto è freddo e anche il tempo sembra quasi congelato in una sospensione che fa pensare al sonno e alla vecchiaia. Il pastore si accosta appena appena a una porta e, senza troppo rumore, guarda l'interno da una finestra. Intravvede uno chino che scrive. E riprende la strada, assieme al suo gregge, dopo che il sole è calato ed è sorta la prima stella della sera.

---

[87] Es 7, 1.
[88] Cf. Gdc 14, 5-6.
[89] Is 26, 17-18.

IL FIGLIO DI UN DIO E IL FIGLIO DI DIO

Dall'anno 8 a.C., per un periodo di tre lustri almeno, tutto l'*orbis terrarum*, tutto il mondo allora conosciuto, «fu in pace». Una pace d'armi, in realtà, più che spirituale, dopo le ultime scaramucce contro Germani, Pannoni e Dalmati, sottomessi militarmente dai figliastri di Ottaviano Augusto, pronipote di Gaio Giulio Cesare e primo imperatore romano.
Già un anno prima, nel gennaio del 9 a.C., era stata inaugurata a Roma, in Campo Marzio, l'*Ara pacis Augustae* (Altare della pace d'Augusto), in modo da poter sacrificare annualmente alla Pax romana. Persino la liturgia cattolica, nell'Annuncio della nascita del Salvatore, proclama che Gesù nacque quando «*toto orbe in pace composito*», quando in «tutto il mondo regnava la pace». Di tutto questo c'informa don Giuseppe Ricciotti (1890-1964), insigne biblista e studioso di storia del Cristianesimo, nella sua "Vita di Gesù Cristo" del 1941, l'opera sua forse più nota e significativa.

Si può aggiungere, alle parole dello studioso, che Ottaviano Augusto riuscì ad imporsi a tal punto da trasformare la repubblica romana in monarchia di fatto e ad assumere su di se prerogative giuridiche e senatoriali. E così, nel 40 a.C. Augusto divenne *imperator* e, dopo quattro anni, fu insignito della *sacrosanctitas*, dell'inviolabilità. Non solo, ma nel 44 a.C. il Senato previde per il defunto Giulio Cesare l'«apoteosi», cioè il riconoscimento del titolo di *divus* (divo): una divinizzazione a tutti gli effetti. Dopo la morte di Cesare, Ottaviano ne rivendicò l'eredità e, addirittura, i diritti di figlio adottivo. Se quindi Cesare, per il mondo pagano, era un dio, Augusto poteva ben presumere di essere il figlio di un dio - e in effetti lo fu, poiché venne a sua volta divinizzato dopo la morte (14 d.C.). Tanto più che Augusto fu insignito di altri titoli. Nel 12 d.C. divenne Pontefice massimo, ovvero il capo religioso dell'Urbe. Ricciotti, inoltre, soggiunge che «a tale padrone del mondo [...] erano riserbati onori fino allora sconosciuti nell'Impero: gli si dedicavano templi e città intere, era proclamato di stirpe non già umana ma divina, egli era il "nuovo Giove", era il "Giove Salvatore", era l'"astro che sorge sul mondo"».

Augusto è paradigmatico per definire la divinità secondo il mondo e la pace come la dà il mondo (*cf.* Gv 14, 27), cioè un potere fondato sulla sopraffazione del prossimo. L'omiletica e il Magistero della Chiesa hanno più volte specificato i meccanismi del potere, anche politico, fine a se stesso: al re di questo mondo non interessano i sudditi, se non in quanto schiavi timorosi. La stessa pace, offerta dal re di questo mondo, non è interiore ma si fonda sulla paura delle armi e sul supplizio, che viene comminato ai disertori. È il noto ragionare di Ponzio Pilato, che non riesce - almeno fino agli eventi del Calvario, poi non si sa - a distaccarsi da questa mentalità così diffusa.

È altrettanto noto che con Gesù Cristo, Dio ci chiede esplicitamente un cambiamento di mentalità: «convertitevi» (Mc 1, 15), dice Gesù - nel testo greco «*metanoein*», ovvero «andate oltre il "*nous*"», «andate oltre la mente», cambiate mentalità appunto. E, sulla base della Parola di Dio, la Chiesa insegna a proporre il potere come servizio e come sacrificio, così come Gesù venne per servire e non per essere servito (*cf.* Mc 10, 45). Nessuno comunque, attorno all'anno primo, si sentì deluso. Il mondo ebbe

l'intronizzazione del suo figlio di un dio (Augusto) e i penitenti, da quel tempo, ebbero modo di riconoscere e adorare Gesù Cristo, il verace Figlio di Dio.
Lo scrittore Vittorio Messori, nella sua prima opera di successo "Ipotesi su Gesù" (ed. Sei, 1976), c'informa che, già prima dell'Incarnazione del Verbo, il Salvatore del mondo, il Messia, era atteso non soltanto in ambito ebraico, ma pure tra i pagani. Tacito ad esempio, nelle "*Historiae*", afferma che «verso questo tempo, l'Oriente sarebbe salito in potenza» e «dalla Giudea sarebbero venuti i dominatori del mondo».Quanto ai giudei, le profezie messianiche non si limitavano ad affermare la venuta di un Salvatore generico, ma ne fissavano anche la manifestazione cronologica. La "*Magna prophetia*" (capitolo IX) del Libro di Daniele, difatti, era letta dai più saggi in senso letterale. Per gli esseni, ad esempio, le «settanta settimane», previste da Daniele per l'avvento del Messia, avrebbero espresso anni e non giorni e coperto un periodo di quattrocentonovant'anni dalla deportazione babilonese del 586 a. C., al netto dei settant'anni di esilio: il tempo, dunque, si sarebbe compiuto verso l'anno 26 prima di Cristo. Una buona approssimazione.

Non solo, ma Messori scrive che «oggi sappiamo con sicurezza [dall'archeologia, *ndr*] che la più celebre astrologia del mondo antico, quella babilonese, non soltanto era anch'essa in attesa del Messia dalla Palestina», ma «ne aveva previsto la data con una precisione ancor maggiore di quella degli esseni». A parte l'archeologia, comunque, i misteriosi Magi - si tratta probabilmente di alcuni sapienti giunti in Palestina dalla Persia - fanno la loro comparsa nel Vangelo secondo Matteo.
I Magi previdero l'evento soprannaturale dell'Incarnazione, almeno in una certa misura, mediante considerazioni di carattere astronomico (la stella). In loro la sapienza, che Dio infonde agli umili, non appare mortificata dalla speculazione razionale. Lo si intuisce anche dal comportamento dell'astro luminoso, oggetto fisico prima e, successivamente, globo oltremondano che si posa sulla santa casa di Betlemme e fa gioire i cuori.

QUESTIONI METAFISICHE E NUMEROLOGICHE IN TEOLOGIA

SULL'ESSERE

Chi comincia a studiare la filosofia non incontra, in genere, difficoltà immense e, se le incontra, possono essere superate dall'impegno e dal supporto del θαῦμα (*thauma*), lo stupore terribile e sbalordito dell'uomo dinnanzi alla realtà. C'è però qualcosa che si trascina nello studio, di anno in anno, simile a un sassolino nella scarpa. C'è un qualcosa che impedisce di concludere – contro la richiesta perentoria dell'*anànke stènai*[90] di Aristotele che, per altri motivi, impone proprio di concludere – e che ha a che fare con un'ambiguità permanente: l'apparente incompatibilità tra l'universale e il particolare, tra il comune e l'individuato.
Non è una questione da poco, anzi è forse la principale dell'ontologia: oppose l'eternidea di Platone alla sostanza di Aristotele e oppose i nominalisti ai realisti. E quest'antica questione – che si potrebbe anche dire degli universali, ma è riduttivo – non solo impedisce di concludere, ma crea una confusione di termini reale, per cui l'idea di Platone è assai diversa da quella di Cartesio, così come i trascendentali classici sono differenti da quelli di Kant. E allora: idea, sostanza, essenza prima e seconda, natura, ipostasi. Sinonimi? Dipende appunto dalle riflessioni degli autori, dalle distinzioni, dalle dottrine.
Eppure il moltiplicarsi dei termini, o il loro riunirsi nella sinonimia, deriva anche da precise affermazioni sul principio di universalità o d'individuazione intimo all'essere. La difficoltà che incontra lo studente (ma pure il docente) è ineliminabile, perché rendere la filosofia semplice equivarrebbe a risolvere il mistero dell'essere.

Il Dio personale della metafisica

Le cose però si chiariscono non poco con il matrimonio tra metafisica e cristianesimo, poiché il Dio Uno e Trino non complica, ma semplifica la comprensione, se non altro per via del fatto che unità e trinità sembrano garantire la convivenza tra la sostanza e l'ipostasi personale, tra l'universale e l'individuato. Non solo San Tommaso riesce nella sintesi filosofica, oltre che teologica, più elegante sul tema, ma si aggiunge ad essa il pensiero di San Bonaventura, per il quale Gesù Cristo «è tutta la nostra metafisica»[91]. San Bonaventura specifica, inoltre, che il vero metafisico è colui che è illuminato dai raggi spirituali e viene ricondotto al Sommo[92], nel senso che la metafisica autentica riconduce le cause particolari al loro primo fondamento emanante, esemplante e consumante (a Dio)[93].

---

[90] «Ανάγκη στενάι», bisogna fermarsi, è necessario concludere. ARISTOTELE, *Met.* XII 3, 1070 a 4, *Phys.* VIII 5, 256 a 1.

[91] «*Hoc* [Gesù Cristo] *est medium metaphysicum reducens, et haec est tota nostra metaphysica* [...]». BONAVENTURA DA BAGNOREGIO, *Collationes in Hexaëmeron*, I, 17.

[92] «[...] *scilicet illuminari per radios spirituale et reduci ad Summum. Et sic eris verus metaphysicus*». *Ivi.*

[93] «La metafisica riguarda la conoscenza di tutti gli enti, che essa riconduce all'unico primo principio, dal quale sono usciti secondo le ragioni ideali, ossia a Dio quale principio, fine, modello [...]». BONAVENTURA DA BAGNOREGIO, *De reductione artium ad theologiam*, n. 4, tr. Silvana Martignoni.

In Tommaso e Bonaventura, quindi, c'è un superamento e una sistemazione migliore del platonismo, del plotinismo e dell'aristotelismo, proprio per l'entrata della Ss. Trinità personale sulla scena del pensiero umano. Con le suggestioni che provengono dalla persona è più immediato, ad esempio, comprendere la ragione divina che sta dietro le cose. Mediante il modello del Dio personale e creatore, san Tommaso può tracciare spontaneamente le cinque vie che ne dimostrano l'esistenza[94]. Altrettanto spontaneo è san Bonaventura, che scorge nella fissità delle leggi naturali la libera volontà del Dio personale. L'uomo libero, difatti, immagine e somiglianza di Dio, è libero quando vuole qualcosa e la ottiene, senza mutare il proprio volere[95]. Francesco Corvino ben riassume il pensiero bonaventuriano, scrivendo che «[...] essere liberi non significa volere e disvolere momento per momento, ma significa avere la capacità e la forza di realizzare fino in fondo ciò che si è deciso liberamente»[96]. E così pure Dio, nella sua libertà di volere, ottiene ciò che vuole con la ferma volontà e la deliberata determinazione, che si può cogliere anche dietro le leggi immutabili della fisica e della chimica.
Il cosmo, allora, non ci parla solo di un'immensa ragione buona e universale che tutto governa, ma pure di una fermissima volontà benefica che a tutto provvede, laddove ragione, volontà e bontà sono peculiari alle persone, non alle cose. La sapienza che s'intravede dietro le leggi matematiche del cosmo fisico e l'immutabilità di esse, tradisce l'esistenza di un Dio personale creatore. Non è improprio, quindi, rimandare la metafisica alla persona, in quanto il cosmo è creazione del Dio personale e custodito dalla persona umana, sotto la supervisione delle persone angeliche. Sarà bene allora fare una sintesi di quanto la tradizione filosofica e teologica ci ha trasmesso circa l'essere.

Dio è Uno e Unico

Ben prima che il mondo greco-romano avesse assunto la Rivelazione, Parmenide si era accorto che c'era un solo modo per confermare quell'«Io sono», che il filosofo non conosceva e che in seguito si sarebbe rivelato: c'è solo una realtà che coincide con l'«Io sono» e null'altro. Non ha senso la mutazione, lo sviluppo, il movimento, né tanto meno altri modi d'essere. Ha senso solo l'Essere immutabile, anche se affermare ciò avrebbe introdotto alcuni paradossi. Se solo Parmenide avesse sospettato un'identità tra l'essere e la Trinità, l'avrebbe forse rigettata, poiché il Padre può dire: «Io "non" sono il Figlio».
La soluzione di Parmenide, proprio a causa dei paradossi, non poteva che essere acuta, ma parziale. L'essere, Dio, l'«Io sono» biblico, ha in sé due respiri amplissimi – secondo le filosofie e le teologie posteriori, rinvigorite dalla Rivelazione: uscita e ritorno, *exitus* e *reditus*, *anábasis* e *katábasis*[97], *pròtos* ed *éschatos*[98], *arché* e *télos*[99]. Solo il Dio personale d'amore

[94] Cf. TOMMASO D'AQUINO, *S. Th.*, I^a, q. 2, a. 3.

[95] «[...] l'arbitrio [umano] si dice libero non perché si possa volere in modo che si voglia anche l'opposto al volere, ma perché tutto quello che si vuole tende al suo stesso dominio, perché così vuole qualcosa che voglia volere. E perciò nell'atto di volizione [l'arbitrio] muove e domina sé stesso. Pertanto, si dice libero, sebbene ordinato immutabile a quello». BONAVENTURA DA BAGNOREGIO, *II Sent.*, d. 25, p. 1, a. un., q. 2 concl.

[96] FRANCESCO CORVINO, *Bonaventura da Bagnoregio. Francescano e pensatore*, Città Nuova, 2006, p. 288.

[97] Le due fasi della dialettica: l'ascesa verso l'episteme (verso ciò che non è più ipotetico) e la discesa verso le opinioni, per rivitalizzarle con la verità.

[98] Il Primo e l'Ultimo, riferito a Gesù Cristo. Ap 22, 13.

può permettere un embrione di ragionamento. Qualora, infatti, l'essere fosse riconducibile o riducibile a una qualche energia cosmica, non si comprenderebbe l'uscita da se medesimo e il ritorno, se non come puro meccanicismo irrazionale e illogico (a-Logos). In un certo senso, l'uscita dell'essere da se medesimo è diretta verso l'individuazione, mentre il movimento opposto rappresenta il ritorno all'universale.
Ma come dare un contenuto ai respiri dell'essere? Come conciliare l'universalità con l'individuazione o con l'ipostatizzazione, che fa dire alla creatura «Io non sono lui» o «il Padre non è il Figlio»? È chiaro che quel «non sono» non è un annullamento dell'essere nel nulla, ma semplicemente una dichiarazione di essere un altro ente. E, tuttavia, resta la difficoltà grammaticale, che può portare all'assurdo: se io non sono lui, allora potrei concludere che il mio essere è diverso dal suo, nel senso che ci sono due o più esseri. Questo contrasta con la tradizione filosofica, poi rafforzata dalla Rivelazione, per cui il Dio sussistente è Uno e Unico[100] e le cose ricevono l'esistenza dal Dio Uno e Unico.

L'universale e la sostanza individuata

Con la rivelazione del Dio trinitario personale, l'essere fu più comprensibile, in relazione all'eternidea del Bene e del Bello, laddove Bene e Bello non sono cosificabili e significano qualcosa di più preciso solo nel caso fossero riferiti alla persona divina o umana. Ma come definire l'eternidea, se non tenendo conto dell'universale platonico in sintesi con il particolare individuato aristotelico? Anche qua la semplice osservazione del reale è sufficiente. L'antico adagio secondo cui «Roma è un'eternidea del Nume» rivela che l'idea platonica non può avere una dimensione unicamente universale. Il Nume pensò Roma nella sua universalità (*polis*, giustizia, popolo, governo) e nella sua particolarità irripetibile nel tempo e nello spazio (la città dei sette colli, la capitale dell'Impero romano). Roma non avrebbe alcun senso cancellandone l'universalità e la peculiarità.
Ancora più significativo è definire l'eternidea a partire dalla persona umana, che è la persona immediatamente conoscibile. Qua non è possibile prescindere anche dalla Rivelazione, per cui Dio concepiva e conosceva in idea dall'eternità la sua creatura, cosa o persona che fosse[101]. Ma la persona umana è sessuata e il sesso maschile o femminile sono universali. C'è però da precisare che l'eternidea di Pietro, ad esempio, non può essere composta da parti, di cui una di queste è l'essere maschio. Anche se la categoria «maschio» è universale, non è possibile pensarla separata da Pietro: non ha fondamento teologico, infatti, l'ipotesi che Dio avrebbe pensato quella persona particolare e poi abbia deciso se farla maschio o femmina. Maschio, in Pietro, non è più universale, ma fa parte della sua sostanza individuata, perché Pietro è concepito maschio dal Nume *ab aeterno*[102]. O l'individuo Pietro è maschio o non è. Lo spiega meglio San Tommaso d'Aquino, per cui le essenze non esisterebbero neppure, se non nella sostanza creata e individuata[103].

---

[99] Il Principio e la Fine, sempre riferito a Gesù Cristo. Ap 22, 13.
[100] Espressione ebraica proveniente dalla *Torah*: *ekhàd* (uno), *yekhìd* (unico).
[101] «Prima di formarti nel grembo materno, ti conoscevo [...]». Ger 1, 5.
[102] Sebbene chiamato all'esistenza nel tempo. Le idee, in Dio, rimangono sostanzialmente Dio.
[103] Secondo Tommaso, «solo a proposito» dell'«ente reale» si «può parlare di essenza». L'individuo è, per Tommaso, «l'unica vera realtà», e «nulla può esistere che non sia individuo». SOFIA VANNI ROVIGHI, *Introduzione a Tommaso d'Aquino*, Laterza, 1981, pp. 43, 47, 48.

Dov'è allora questa vera sostanza individuata nel pronunciamento "Pietro è un uomo maschio"? A destra o a sinistra della copula "è"? Tanto a destra quanto a sinistra poiché, sebbene "uomo maschio" appartenga al genere e alla specie, la categoria è inseparabile dalla sostanza individuata di Pietro. Non solo la copula svela che Pietro rientra nel genere e nella specie, ma crea una sintesi tra universale e particolare. La copula è quindi come uno specchio nella sostanza, dove universale e particolare si guardano, dopo l'unione sublimata dall'*actus essendi*.

Generazione e processione

È complicato dare un nome alla necessità dell'essere di uscire da se stesso, con le categorie della filosofia. È molto più immediato, invece, coinvolgere la teologia, per cui il Padre «genera» il Figlio, in un *exitus* eterno e originario. Ma non basta questa processione, poiché i Due sarebbero disuniti e l'Uno più non sarebbe. Si avrebbe cioè una scissione impensabile dell'essere in due. Conviene allora l'ultima processione, che sta nello Spirito Santo, nel *reditus* eterno e finale: a questo ritorno – che non ha nulla di temporale – corrisponde la riunione del Due nell'Uno, dove dimora anche la terza Ipostasi (lo Spirito Santo), che procede dal Padre e dal Figlio.
Sant'Agostino, a questo proposito, ha parole chiare: «Nel mistero trinitario, vincolo di unità ed immagine di solidarietà, il Padre, il Figlio e lo Spirito sono l'Amante, l'Amato e l'Amore, ciascuno dei quali è se stesso, e tuttavia si compenetra negli altri in uno slancio inesauribile di amore che nasce eternamente dal Padre e al Padre eternamente ritorna»[104]. Ecco come l'essere dei filosofi è così rivelato da Dio come «l'Amante, l'Amato e l'Amore». Sembra allora che nessun progresso si abbia nella comprensione dell'essere, se non rientrasse nel pensiero umano il concetto di amore.
Parrebbe che siano due le cose inammissibili a Dio, all'essere-persona-amore: il restare in sé e il rimanere diviso da sé. Queste condizioni sono, di fatto, rese impossibili dalla generazione/processione, dalla sostanza trinitaria condivisa e dall'unione ipostatica[105]. Il restare in sé e la separazione sono espressione dell'egolatria, che è la negazione dell'amore. Pure qui, dall'analisi di un semplice sentimento, è possibile rinvenire i due respiri dell'essere. Vale a dire che l'egoismo impedisce all'uomo di generare, nella carne o nello spirito (*exitus*). E impedisce l'abbraccio, la vicinanza dell'amato, il ritorno (*reditus*).

Il "primato della verità"

È vero che i due respiri dell'essere non possono essere associati né al movimento, né al tempo, poiché in Dio non c'è mutazione. Eppure in Dio c'è un ordine, una direzione, un orientamento, che dal Padre tende allo Spirito Santo, per il Figlio, che è il *medium*[106] teologico e metafisico. Se il Padre è la prima, il Figlio la seconda e lo Spirito la terza persona della Ss. Trinità, è escluso che tale ordine possa mutare. La tradizione più

---

104 AGOSTINO D'IPPONA, *De Trinitate*, VIII, 8, 12.

105 Per quanto riguarda l'unione della divinità e dell'umanità in Cristo (unione ipostatica), si osserva che ripugna all'essere anche la separazione del Creatore dalle creature, ferma restando la distinzione ontologica tra Creatore e creazione.

106 Gesù Cristo è «la persona mediana della beatissima Trinità» – «*Iesum Christum* [...] *est media persona in* [...] *beatissimae Trinitatis*», BONAVENTURA DA BAGNOREGIO, *Breviloquium*, prol., 3, 2.

genuina della Chiesa, in altre parole, esclude che il Padre possa essere la seconda persona, il Figlio la terza o lo Spirito la prima. Il Padre è *principium*, perché in esso vi è l'«innascibilità» e la «pienezza fontale»[107]. Il Figlio è «immagine» del Padre, essendo «somiglianza personale, connaturale e intellettuale»[108]. Lo Spirito Santo è «dono», nonché «vincolo o amore» del Padre e del Figlio[109].

Che la Ss. Trinità sia "orientata" lo si comprende anche dalla semplice osservazione delle creature, di cui è previsto un orientamento. Lo spazio è orientato e così pure il tempo. È possibile riconoscere una destra da una sinistra, un sopra da un sotto e un avanti da un dietro. C'è allora una simmetria e un'asimmetria delle cose. Le zone entro cui avvengono i fenomeni non sono indifferenziate: da una stazione, in un dato istante, un treno può solo partire o arrivare, non può partire e arrivare contemporaneamente. C'è una consequenzialità nelle cose, il nord non è il sud, l'est non è l'ovest. Il precipitare non è l'ascendere, lo stringere non è l'allentare. Perdere l'orientamento significa smarrire i punti cardinali e può portare alla morte. Se dunque le creature sono orientate, tanto più lo sarà il Creatore, dal quale provengono. Le creature, inoltre, si danno interdipendenti. Gli oggetti da soli non potrebbero sussistere, in quanto non vi sarebbe alterità in essi. Ad esempio, la sedia senza il tavolo non può essere definita o riconosciuta, perché di lei non posso dire "non è un tavolo", per la mancanza di un ente di comparazione. Ma, accanto alla funzione logica, ce n'è una complementare: la sedia è per il tavolo e il tavolo è per la sedia; entrambi sono per l'uomo e l'uomo è per Dio.

Attraverso queste similitudini possiamo, per analogia, descrivere l'orientamento in Dio, sulla base di quanto rivelato. Se lo Spirito Santo procede dal Padre e dal Figlio, né il Padre, né il Figlio possono procedere dallo Spirito Santo. Se, dunque, l'appropriazione del Padre è l'unità come principio del numero, quella del Figlio è la verità sapiente e quella dello Spirito è l'amore volente[110], allora l'amore procede dall'unità e dalla verità e non la verità dall'amore. Per questo motivo, la tradizione cattolica indica un «primato della verità»[111]. A partire da tale primato, la volontà di Dio è libera, ma non è mai cieca, non è mai sganciata dal Logos. La creatura umana, difatti, trova nella verità una forza liberante. Così anche la pericope «Il vento soffia dove vuole»[112], non significa che lo spirito vaga ciecamente, ma che vuole andare dove ha ritenuto ragionevole andare dall'eternità.

Universale, molteplice, plurale

Da quanto esposto, tutto viene a sintesi e si può abbozzare un quadro ontologico generale di matrice tomista.

L'eternidea (o essenza, o sostanza) è il principio archetipo dell'ente creato; individuante e universale *ante rem*; individuato e molteplice *in re*; individuale e plurale *post rem*. La

[107] BONAVENTURA DA BAGNOREGIO, *Breviloquium*, cit., I, 3.

[108] *Ivi*.

[109] *Ivi*.

[110] Sono categorie della teologia dogmatica.

[111] Molti autori moderni e contemporanei hanno parlato del «primato della verità», in Dio e nel cosmo. Tra gli altri, Joseph Ratzinger, John Henry Newman, Giuseppe Siri, Romano Amerio, Enrico Maria Radaelli, Divo Barsotti, ecc…

[112] Gv 3, 7.

sostanza è dunque una e plurale, in modo simultaneo e asimmetrico, per cui è sempre inclinata verso l'individuazione, che è l'orientamento privilegiato dell'ente, delle cose.
La sostanza è individuante e universale *ante rem* perché non si distingue da Dio, Trino e Uno. La sostanza è individuata e molteplice *in re* perché, giunta all'esistenza[113], costituisce l'ente, presente fisicamente come individuato. È da notare che, nella creatura, l'universale non si manifesta ai sensi, se non nella molteplicità, a causa dell'imperfezione, per cui l'Uno diventa unità matematica (molteplicità) e il Trino s'individua nell'ente (individuazione). Si vede la molteplicità dei fiori, assieme ad alcune somiglianze, ma non si vede l'essenza universale del fiore, se non per via intelligibile. Questo fatto ha confuso i nominalisti, che non videro l'universale nemmeno in modo intelligibile e, perciò, lo esclusero.
Infine, la sostanza è individuale e plurale *post rem* perché la mente intuisce l'universale, mediante l'astrazione. Non è, in genere, l'individuazione a fare problema, ma l'universale, che *in re* e *post rem* si manifesta come molteplice e plurale. La molteplicità e la pluralità delle persone e delle cose riconduce ad una situazione di separazione, che nel mondo fisico è data dall'estensione spazio-temporale. Le cose appaiono separate, forse affinché l'uomo possa scegliere tra la fede in un Dio dell'amore e dell'unità o in un Dio dell'egoismo e dell'odio. Il mondo è il luogo della prova e la distinzione tra gli enti risalta maggiormente. Eppure la sensibilità del credente riesce a scavalcare la pura realtà fenomenica e a cogliere il Creatore dietro le creature. In tal modo il processo astrattivo della conoscenza non è più una modalità funzionale della mente, ma il riconoscimento di un'unità del reale nonostante la distinzione effettiva tra le cose.

Fondazione medievale e scolastica dell'epistemica

Per alcuni autori, al di là dell'espressione «*philosophia ancilla theologiae*»[114], la speculazione medievale scolastica è sempre stata una «filosofia cristiana»[115]. Si voleva intendere che i teologi hanno prodotto una disamina a tutto campo sul reale (Dio, uomo e cosmo) e sarebbe stata riduttiva la definizione dei loro studi con il nome di teologia o di filosofia. È possibile si sia trattato di un'epistemica, vale a dire di una scienza generalissima – secondo le suggestioni di Aristotele – non limitata alla filosofia. Di fatto, per un'espressione più chiara della verità, i teologi medievali non si sono fatti scrupolo di attingere dalla Rivelazione e dalla filosofia i contenuti delle loro opere. Se anche l'intento fu l'intelligenza della fede, ne è venuto fuori qualcosa di più esteso: e questa maggiore estensione travolge i confini della filosofia.
Per tutti questi motivi, sembra che ci troviamo dinnanzi ad una scienza che supera persino quella «scienza che studia l'essere in quanto essere»[116]. La supera, poiché la filosofia classica è monca della teologia. E, in ogni caso, la scienza massima non può precludersi alcuna fonte, alcuna ricchezza. All'episteme concorre una moltitudine di discipline, se da queste dovesse scaturire qualcosa di utile alla comprensione del Tutto.

---

[113] Mediante l'*actus essendi* tomista.
[114] «La filosofia è l'ancella della teologia», coniata da Gregorio IX.
[115] Ad esempio per il francescano LEONE VEUTHEY, *La filosofia cristiana di S. Bonaventura*, Miscellanea Francescana, Roma, 1996.
[116] ARISTOTELE, *Metafisica*, I, 1003 a 21.

Non dell'universale però che, per quanto scritto, è un ambito parziale del Tutto. L'episteme, allora, rappresenta il Tutto ed è accessibile, con tutta evidenza, non solo per via speculativa: c'è bisogno anche di quella via illuminativa bonaventuriana, tanto distante dal semplice pensare, quanto la sapienza dista dalla scienza.

Non è un mistero che, per giungere in porto, ci voglia quel nocchiero di Betlemme a cui gli apostoli spaventati dalla tempesta si rivolsero così: «Epistata, epistata, siamo perduti»![117] La traduzione corrente di Epistata è Maestro, ma per un po' vale sognare e immaginare che l'Epistata sia colui che ha l'episteme. O, meglio ancora, colui che è l'episteme e l'epistemica.

[117] «Ἐπιστάτα, ἐπιστάτα, ἀπολλύμεθα». Lc 8, 24.

Israele non è mai stato un popolo con la vocazione al disordine. Già nella Genesi sono presenti alcune genealogie, per fissare le discendenze in modo ordinato. Le genealogie ricorrono spesso nelle Sacre Scritture, tanto nell'Antico, quanto nel Nuovo Testamento. Il popolo si organizza nelle dodici tribù, di cui, nel libro dei *Numeri*, ne è descritto il censimento, su comando di Dio. Nel deserto, Mosè è convinto dal suocero Ietro a scegliere i giudici, perché siano costituiti sopra Israele «come capi di migliaia, capi di centinaia, capi di cinquantine e capi di decine»[118]. Il popolo dell'Alleanza, come del resto altri popoli, non somiglia a una massa eterogenea, ma è raggruppato con ordine fin dai tempi più antichi, in pace e in guerra. Tra il singolo e il re sorgono, col passare dei secoli, corpi sociali intermedi, per lo più secondo le proporzioni del quintuplo, del decuplo o del centuplo.

Sulla montagna, presso il lago di Tiberiade, Gesù è attorniato da una folla di almeno cinquemila persone[119]. Prima della moltiplicazione miracolosa dei pani e dei pesci, il Signore dice ai discepoli: «Fateli sedere per gruppi di cinquanta»[120]. Sant'Agostino dice che il numero cinque simboleggia coloro che sono sotto la legge, di cui il Pentateuco è la figura[121]. E Origene presenta il «cinquanta» come la «cifra implicante il perdono, stando al mistero dei giubilei, che si celebravano ogni cinquant'anni»[122]. Esiste dunque un legame arcano tra l'ordine sociale israelitico, espresso dal numero e dal tempo, e la salvezza, che si realizza nella legge (giustizia), nel pentimento e nel perdono (misericordia).

La società, poi, è fondata sulla famiglia, che è la «cellula originaria della vita sociale»[123], poiché «Dio creò l'uomo a sua immagine; a immagine di Dio lo creò; maschio e femmina li creò»[124].

Galileo, suo malgrado, "tentò l'essenza"

Non c'è miglior modo di celebrare un autore se non di liberare il suo pensiero e di provare a metterlo a frutto, se non altro per evitare di fossilizzarne le dottrine. Le sentenze di un grande autore non servono per essere ripetute a pappagallo o imbalsamate, così come avvenne spesso nella vicenda storica del neo-aristotelismo rinascimentale o del neo-tomismo novecentesco. Il grande autore è un punto di partenza, non un punto d'approdo. Quanto a Bellarmino, gli toccò in sorte l'incontro-scontro con il genio di Galileo Galilei e vale ora la pena di approfondire un aspetto, relativo alla vicenda, finora ritenuto secondario.

È sorprendente – se non del tutto illogico – che la polemica tra Galileo e l'autorità religiosa del suo tempo si sia cristallizzata sul tema, tutto sommato secondario, della teoria eliocentrica copernicana condivisa dallo scienziato pisano. Il caso coinvolse un

---

118 Es 18, 21.
119 Cf. Mt 14, 13-21, Mc 6, 30-44, Lc 9, 10-17, Gv 6, 1-13.
120 Lc 9, 14.
121 Cf. AGOSTINO D'IPPONA, *Commento al Vangelo di Giovanni*, Omelia XXIV, 6.
122 ORIGENE, *Commento al Vangelo di Matteo*, Libro XI, 3.
123 *CCC*, n. 2207.
124 Gn 1, 27.

Galileo già anziano e condannato quando Bellarmino era già morto. Il contendere, semmai, avrebbe dovuto innescarsi molto prima e su tutt'altra materia: da quando, precisamente, un Galileo giovane ebbe *a priori* l'intuizione tremenda ed epocale attorno alla sostanza delle cose. Galileo dimostrò *a posteriori* questa sua intuizione – mediante l'esperimento e al modo che sarebbe piaciuto a Tommaso, Bonaventura e Bellarmino – secondo cui la quantità, il numero, l'ordine o la misura non sono accidenti, ma sono parte inseparabile della sostanza, dell'essenza delle cose. Dopo un millennio e mezzo, cioè, Aristotele veniva corretto da uno scienziato pisano, che spostava la quantità dall'elenco degli accidenti e la inseriva direttamente nell'essenza.
È sorprendente che nessuno ebbe una percezione chiara di ciò. Non Bellarmino, non gli aristotelici e nemmeno lo stesso Galileo, che ritenne un'«impresa impossibile» il «tentar l'essenza», ovvero speculare sul mondo al modo degli aristotelici, i quali si accontentavano di alcuni giudizi letti sui libri, invece di accedere alla realtà mediante l'esperimento sui fenomeni. Paradossalmente, quindi, Galileo fu anti-essenzialista e convinto fenomenologo, dopo essersi pronunciato genialmente, consapevole o meno, proprio sull'essenza.

L'Eucaristia sembra sconfessare la scienza

Cosa c'entra Bellarmino e la teologia in tutto questo? In che misura il gesuita e Galileo furono al servizio della verità? Ci fu qualcuno, in effetti, a cui non sfuggì la singolare relazione che Galileo poneva tra sostanza e accidenti. Si tratta del gesuita, matematico e architetto Orazio Grassi che, in un suo resoconto, scrive: Galileo «erra dicendo che non è possibile separare concettualmente dalle sostanze corporee gli accidenti che le modificano, come la quantità». Secondo il Grassi, «la quantità non soltanto si distingue realmente dalla sua sostanza, ma esiste anche separata da esse». Prova ne sarebbe l'Eucaristia: durante la transustanziazione l'intera sostanza del pane è sostituita dalla sostanza divina, ma restano gli accidenti del pane e del vino, che comprendono appunto il peso e la misura.
Grassi trae l'autorità di questi suoi giudizi direttamente dai canoni del Concilio di Trento e dalla dottrina di Roberto Bellarmino. Nel *De sacramento Eucharistiae*, Bellarmino conferma la transustanziazione. E spiega che quando Gesù dice «questo è il mio corpo», l'aggettivo dimostrativo «questo» designa proprio la sostanza. Il Dottore, però, specifiche che le specie eucaristiche che permangono – il bianco e tondo dell'ostia consacrata – non fanno parte della sostanza, ma «designano la quantità» che rimane. Sembrerebbe dunque che in nessun modo la quantità possa far parte della sostanza, nonostante Galileo e nonostante la chimica dei secoli successivi, che dimostra in modo efficacissimo l'intima struttura matematica delle cose. Come dunque risolvere la questione?

La sostanza è unione di quattro ragioni

La via d'uscita la offre lo stesso Bellarmino, nel *De ascensione mentis in Deum*. È Aristotele stesso a dire che ogni effetto è il risultato di quattro cause. Tutto ciò che veramente importa – afferma Bellarmino all'inizio dell'opera – è non cercare nulla se non «quattro comuni cagioni: chi sia l'Autore di me; di che materia m'habbia fatto; qual forma dato; et a qual fine creato». Se dunque ogni ente creato è l'effetto di una quadruplice causa creatrice, la sostanza non può non dipendere dalla materia (causa materiale), dalla forma (causa formale), dal creatore (causa efficiente) e dal perché quell'ente è fatto così (causa finale). Galileo ha ragione quando sostiene l'importanza del linguaggio matematico con il quale è stato scritto il cosmo, ma ha torto quando ritiene che tale linguaggio esaurisca la spiegazione del reale.

Allo stesso modo, Bellarmino con ragione difende la verità sull'Eucaristia e dice che le specie eucaristiche – geometriche e pesanti – non sono che accidenti. Non tiene conto però che sono accidenti perché è crollata la sostanza del pane, che è unione di numero, forma, potenza e significato. Sono allora quattro le ragioni della sostanza, che sottendono alla quadruplice domanda di Bellarmino: Quanto? Come? Chi? Perché? Se così non fosse l'uomo, che conosce primariamente per mezzo dei sensi, non avrebbe un accesso reale e diretto all'ente e alla sua sostanza, ma si arresterebbe alla conoscenza del fenomeno (materia e forma), ossia del fantasma delle cose. È, invece, più prossimo al tomismo il ritenere che l'uomo abbia accesso diretto alla verità della sostanza, in modo sensibile attraverso il fenomeno e in modo intelligibile attraverso la potenza e il significato, irraggiungibili dal senso, ma superiori al numero quanto l'anima è superiore al corpo.

MISURA DIVINA DELLE COSE

C'è un aspetto della sapienza cristiana pressoché dimenticato. Rimosso, anzi, come i traumi psicotici nell'inconscio. È stato rimosso e dimenticato il "numero". La Rivelazione ne fa uso abbondante. Antico e Nuovo Testamento hanno frequentissimi riferimenti numerici e non certo per iniziativa umana. Le Sacre Scritture si chiudono con le numerologie arcane dell'Apocalisse: le sette corna e i sette occhi dell'Agnello, i ventiquattro vegliardi adoranti, il numero della Bestia, i sette sigilli del Libro, i quattro cavalieri. Più che opportuna allora, necessaria quasi, l'ultima iniziativa dell'Associazione culturale "Studium Fidei" di Trieste, che il 10 febbraio ha organizzato l'incontro "Il logos del cerchio: dalla scienza alla sapienza", invitando il matematico Paolo Zellini a parlare del numero. A parlarne non in senso funzionale o computativo, ma come evidenza storica e filosofica di una relazione trascendente tra le scienze matematiche e la sapienza divina; tra la ragione umana ed il Logos eterno. Il tergestino prof. Zellini è una delle persone più adatte a trattare l'argomento, non solo perché ha detto e scritto assai sul numero – docenza universitaria, articoli e vari libri apprezzati da autori della statura di Italo Calvino ed Elémire Zolla – ma per come ne parla: non si accontenta di investigare su teoremi e calcoli, ma si interroga sul senso più profondo delle realtà numeriche. Un approccio, appunto, decisamente filosofico.

Logos, ricorda Zellini, è il sostantivo del termine greco *leghein*, che rimanda all'atto del raccogliere una serie di oggetti. Già da questo dato si comprende che *logos* non esaurisce il proprio significato nelle classiche traduzioni "parola" o "discorso" ma, in origine, è riferito all'azione del contare. Lo stesso re Salomone, riconosce che la Sapienza (quindi il Logos, il Verbo) ha «disposto ogni cosa con misura, numero e peso»[125]. Sarebbe sbagliato però, a parere del professore, che misura, numero e peso abbiano un senso meramente utilitaristico, legato ad esempio al conteggio di animali o cose. Viceversa, è da ipotizzare che la Bibbia utilizzi il numero per descrivere qualcosa di fondamentale: l'essenza stessa della realtà, così come anche teorizzato dal pensiero filosofico platonico, aristotelico o pitagorico. Lo storico della scienza Koyrè, a questo riguardo, si stupiva del fatto che solo a partire da Galileo il numero sia stato percepito come necessario e determinante almeno alla comprensione dell'intima realtà cosmica. Comunque sia, in epoca moderna non si riesce a rinunciare alla fredda descrizione dei fenomeni e delle cause esteriori, nonostante l'intuizione che lega il numero alla sostanza. Come conseguenza del pensiero di Descartes o di Cardano, la matematica è sempre più funzionale alla tecnologia e si perde ogni interesse per l'antica ricerca sapienziale. Trionfano sì le scienze, ma non l'autentica sapienza. Nel passato, anche in ambito pagano, il numero era percepito – continua Zellini – come sapienza (Prometeo) o associato ad una sorta di forza (Ercole). Lo stesso Ercole era il simbolo della «tensione presente nel tutto, invincibile e insuperabile», il Logos presente in tutte le cose. Sull'importanza del pensiero greco che, con tutta evidenza, ha di fatto supportato l'avvio di una teologia cristiana, è pure intervenuto mons. Ettore Malnati, presidente dello "Studium Fidei". Don Ettore ripropone quanto detto da Benedetto XVI a Ratisbona nel 2006, secondo il quale l'ellenizzazione è da considerare un'inculturazione del tutto peculiare rispetto alle altre. È sufficiente rilevare, a riprova di quanto dichiarato dal Papa,

[125] Sap 11, 21.

che gli autori cristiani non hanno rigettato la metafisica greca, ma l'hanno sostenuta. Paolo Zellini, a proposito del "peso", nomina Agostino che appurava come ogni cosa tenda al suo «luogo proprio», al «riposo stabile»: «*pondus meum, amor meus*» (peso mio, amore mio), dice nelle *Confessioni*[126]. Agostino, inoltre, è convinto che numero e sapienza coincidano. Clemente Alessandrino, nel *Protrettico*, sostiene che «Dio stesso è bilancia, misura, numero del tutto»[127]. Insomma, Zellini è convinto che «misura, numero e peso» siano «metafore dell'infinita moderazione e cautela dovuta a ogni giudizio». Quanto al cerchio, il professore cita Platone, che nella VII lettera parla del Logos nel senso geometrico, come il luogo dei punti equidistanti da un centro. O anche il neoplatonico Proclo, che vede nella circonferenza una linea che, allo stesso tempo, si allontana e si ricurva sul centro (l'Uno).

---

[126] *Conf.*, XIII, 9, 10.
[127] *Protr.*, VI, 69, 2.

FINITO E INFINITO

Le speculazioni attorno alla questione dell'infinito sono disseminate per tutta l'estensione storica del pensiero umano e coinvolgono le più disparate tradizioni filosofiche, teologiche e matematiche. Due linee concettuali sono, però, rintracciabili trasversalmente alle varie scuole teoretiche e fanno capo ai due sensi tradizionali d'intendere l'infinito. C'è, nella prima tesi, l'idea di un infinito «potenziale», incompleto, inquietante, retaggio forse del timore umano dinnanzi all'incommensurabile. E c'è, al contrario, un concepire l'infinito in senso «attuale», chiuso, quasi rassicurante, che richiama invece un ritorno al finito e all'ordine delle cose.

Così Paolo Zellini, matematico e scrittore triestino, torna a parlare dell'infinito (non è la prima volta), dopo averne scritto parecchio tempo fa e con discreto successo (sette edizioni e il Premio Viareggio), nella sua *Breve storia dell'infinito* (Adelphi, 1980). Zellini, su invito dell'Associazione culturale "Studium Fidei", ha trattato il 16 maggio scorso di "Infinito e finito nella scienza e nella filosofia" presso il Centro pastorale Paolo VI a Trieste. Il contributo del professore alla cultura è peculiare: la sua opera tende a dimostrare che è del tutto sterile (e falso), ai fini della conoscenza, considerare la matematica come una disciplina fine a se stessa, esaurita nel suo ambito tecnico-computativo. Zellini rileva come la matematica fu determinante per lo sviluppo della filosofia greca – si pensi solo a Pitagora, più filosofo che matematico, o al concetto di *logos* che, in origine, era legato all'azione del contare.

L'infinito, spesso contrapposto dai filosofi al numero, compare nella scuola ionica con Anassimandro – spiega Zellini – che indica come «*arché*» (come principio sostanziale del cosmo) l'«*apeiron*», l'illimitato, l'indefinito. Anassimandro apre così ad un'«idea negativa e problematica dell'infinito», assunta poi da buona parte della filosofia. Aristotele, in modo speciale, diffida dell'infinito, in quanto «pura potenza» perennemente diveniente. L'«*alpha* privativo» di Anassimandro (l'«*a*» di «*apeiron*») coinvolgerà, in epoca cristiana, anche la teologia, che spesso preferirà parlare di Dio in termini negativi (apofatismo): Dio come non finito (infinito), non mortale (immortale), non mutabile (immutabile), eccetera. Indicativa, a questo proposito, è la «tenebra di Dio» dello Pseudo-Dionigi o la divina «notte oscura» di san Giovanni della Croce.

In ogni caso però – a parere del professore – la tradizione biblica presenta l'infinità di Dio come sussidio al limite creaturale. Si ha, cioè, la «sensazione che il potere di Dio si esplichi all'infinito, non per generare un infinito smisurato, ma per arrivare fin dove l'infinito arriva, arginandolo e riportandolo a se». Lo si comprende, ad esempio, dal Nuovo Testamento: «avrete forza dallo Spirito Santo [...] e mi sarete testimoni [...] fino agli estremi confini della terra»[128]. Dio non intende condurre gli uomini ai confini dell'infinito per oltrepassarlo, ma per riportarli indietro presso di Lui. Questa visione «attuale» dell'infinito, sebbene più attinente ai Testi sacri, non ha inciso molto nella storia del pensiero matematico, se non per l'arco temporale che va dal secolo XVII agli inizi del XX. Con Leibnitz (scienziato e filosofo) infatti – osserva Zellini – «fa l'ingresso nella matematica l'infinito attuale», in netto contrasto con la sensibilità aristotelica. E, alla fine del secolo XIX, Cantor introduce la teoria sugli insiemi infiniti, attingendo anche alla tradizione biblica.

---

[128] At 1, 8.

Nel frattempo i filosofi continuano ad essere scettici: secondo Hegel l'infinità è comunque «cattiva» e per Croce «quando il matematico si mette a calcolare smette di pensare». Non solo, ma già con Platone l'infinito è in rapporto con l'«alterità», intesa come «cosa da nulla» e, dunque, relazionabile al nulla. Per questo sant'Agostino propone di ritornare in se stessi, poiché «nel profondo dell'uomo abita la verità»[129].

[129] «*Noli foras ire, in teipsum redi, in interiore homine habitat veritas*» – «Non uscire fuori, rientra in te stesso: nel profondo dell'uomo abita la verità». *De vera rel.* XXXIX, 72.

NUMERO E RELIGIONE

Sembra scontato che la matematica sia solo una questione di calcolo. O, almeno, così hanno insegnato alla maggior parte di noi. Pitagora? Quello del teorema: «In ogni triangolo rettangolo il quadrato costruito sull'ipotenusa è sempre equivalente alla somma dei quadrati costruiti sui cateti». Logica indiscutibile e dimostrabile. Che altro c'è da dire? In effetti, qualcosa ci sarebbe. Stavrogin, che nei *Demonî* di Fëdor Dostoevskij si rivolge a un certo Fed'ka, esclama: «Quello sì che è un demonio calcolatore! Un ragioniere»! C'è dunque qualcosa d'aggiungere sul calcolo, ma in ambito etico ad esempio, non matematico. Dostoevskij è qui citato da Paolo Zellini nel breve saggio *La matematica del Grande Inquisitore*, (in *Adelphiana*, 2002).

Sembra quasi che vi sia un nesso tra il male e la logica aritmetica. E difatti il professor Zellini si riferisce al "Grande Inquisitore" (sempre ideato da Dostoevskij) che, «nella sua requisitoria contro Cristo», denuncia il «dono divino» della «libertà di coscienza». Per l'Inquisitore, Dio ha scelto tutto ciò che v'è di «più misterioso» e «indefinito» e, per questo, agisce come se non amasse affatto l'uomo. Sorvolando sull'amore di Dio, del quale l'Inquisitore comprende poco, è interessante notare come il bene (Dio) sia qui relazionato con l'indeterminatezza. La «determinatezza» invece – fa capire Dostoevskij – è sintomatica del «male e del demoniaco» che, in fondo, si presenta «ridotto in formule, geometrizzato», così come si pianificano le stragi e le torture sovietiche.

A prescindere se Dostoevskij abbia avuto ragione o meno, qua è importante rilevare la notevole intuizione del professore: sul numero e sulla matematica, oltre il calcolo, c'è ancora molto altro (e di profondo) da dire. Soprattutto nel campo della filosofia. E Zellini lo dimostra nelle sue opere maggiori, pubblicate da Adelphi. È del 1980 la *Breve storia dell'infinito*, dove il problema è posto nella sua originale sistemazione filosofica. Nel 1985 è dato alle stampe *La ribellione del numero*. Ma perché mai, a che cosa, il numero si sarebbe dovuto ribellare? Soprattutto al tentativo di essere ingabbiato dai matematici: in epoca moderna (da Leibnitz in poi) la speculazione matematica raggiunse successi tali – calcolo infinitesimale e geometrie non euclidee – da far pensare che il mondo dei numeri non avesse un'esistenza oggettiva. Si ritenne cioè, idealisticamente, che la scoperta di un qualche sistema matematico avesse a che fare con la libera creazione umana e che le nuove teorie fossero «entità mentali», prive di contraddizione reciproca. Nel XX secolo, però, il numero si «ribellò» e rivendicò autonomia propria: fu dimostrato che tra i vari sistemi teorici sorgevano alcuni «paradossi», finché Kurt Gödel (nel 1931) provò come tali contraddizioni logiche fossero insopprimibili. Più che di calcolo, dunque, il libro sembra trattare del contrasto tra idealismo e realismo filosofico.

In *Gnomon* (1999) Zellini tratta dell'essenza del numero e dell'invarianza del mutamento, proprio come quel particolare ente geometrico (lo gnomone) che, aggiunto a una qualche figura, ne genera una simile, immutata nella forma. Nel 2010 esce *Numero e logos* dove si ritrova l'evidenza di una grandissima affinità tra il contare, il pensare e persino il pregare. Dai miti delle antiche civiltà e dai testi sacri religiosi, fino alle moderne teorie matematiche di Cantor o Dedekind, l'Autore rintraccia nel numero qualcosa che va ben

oltre la semplice logica, per approdare a una sapienza che coinvolge necessariamente anche la religione.
Paolo Zellini, triestino, classe 1946, è per tutte queste ragioni, assai critico nei confronti della «scienza moderna» che, rinunciataria del *logos* autentico, sapienziale e religioso, «non è la semplice prosecuzione della parola biblica o del credo pitagorico, bensì la sua caricatura, [...] una immane quanto inavvertita superstizione»[130]. Un'altra voce autorevole, insomma, a favore di una ragione fondata sul trascendente.

[130] PAOLO ZELLINI, "I traditori di Pitagora", in *La Repubblica*, 05/05/2011.

SUL GIUDIZIO

Sembra quasi che, sulla questione del giudizio, dalla Sacra Scrittura provengano due richieste di Dio all'uomo, opposte tra loro. Nel Discorso della montagna, Gesù Cristo dissuade dall'appropriasi di un giudizio che appartiene solo a lui: «Non giudicate per non essere giudicati»[131]. E spiega anche il perché: poiché voi uomini – dice il Signore – «col giudizio con cui giudicate sarete giudicati, e con la misura con la quale misurate sarete misurati»[132]. Che il giudizio espresso nel Discorso della montagna appartenga solo a Dio, lo dice ancora Gesù, come riporta l'Evangelista San Giovanni: «Io sono venuto in questo mondo per un giudizio, perché coloro che non vedono vedano e quelli che vedono diventino ciechi»[133]. Anche San Paolo, nella lettera ai Romani (2, 1), ripete il medesimo concetto che Gesù espresse sulla montagna: «Perciò chiunque tu sia, o uomo che giudichi, non hai alcun motivo di scusa perché, mentre giudichi l'altro, condanni te stesso; tu che giudichi, infatti, fai le medesime cose».
Altrove, però, la Scrittura esorta l'uomo al giudizio. È il Signore stesso a richiederlo: «Non giudicate secondo le apparenze; giudicate con giusto giudizio!»[134]. Non solo, ma rimproverando i farisei, domanda loro: «Come mai questo tempo non sapete giudicarlo? E perché non giudicate da voi stessi ciò che è giusto?»[135]. Pure San Paolo, rivolto ai cristiani di Corinto, li ammonisce: «Non sapete voi che giudicheremo gli angeli? Quanto più possiamo giudicare delle cose di questa vita!»[136]. Come allora interpretare ciò che sembra un paradosso?

Se giudicare sia lecito all'uomo

San Tommaso d'Aquino affronta il tema del giudizio, in generale, nella seconda sezione della seconda parte della *Summa Theologiae* (*quaestio* n. 60). Il santo Dottore ricorda che il termine «giudice» deriva dal latino «*ius dicens*», intendendo colui che «dichiara il diritto». E da «giudice» derivò «giudizio». Però il giudizio – precisa San Tommaso – non si restringe all'ambito forense, ma investe ogni categoria morale, così che esso diviene la «determinazione retta di qualsiasi cosa, sia nell'ordine speculativo che nell'ordine pratico». Giudice è quindi il magistrato, ma anche ogni persona che giudica qualcosa o qualcuno. Molto importante, inoltre, è la disposizione di chi giudica, poiché il giudizio è giusto nella misura in cui una persona ha la virtù della carità e i doni soprannaturali della sapienza e della prudenza.
Il problema non è dunque il giudizio in sé stesso, ma se esso sia «un atto di giustizia» o non piuttosto un'ingiustizia. Per questo motivo, affinché il giudizio sia vera giustizia, si richiedono all'uomo tre cose: che il giudizio «derivi dall'abito della giustizia, che derivi dall'autorità di uno che comanda e che sia emanato secondo la retta norma della

131 Mt 7, 1.
132 Mt 7, 2.
133 Gv 9, 39.
134 Gv 7, 24.
135 Lc 12, 56-57.
136 1Cor 6, 3.

prudenza». San Tommaso, pertanto, ammette che sia lecito giudicare, ma lega la validità del giudizio a queste tre condizioni, che solo di rado sono rispettate. Quando, infatti, un peccatore giudica un altro peccatore, non lo fa come qualcuno che ha un'autorità sul peccato. Egli non è un giusto tra i peccatori, ma è un peccatore tra molti. In tal modo annulla la seconda condizione e il suo non è più un atto di giustizia, bensì è un «giudizio usurpato». Usurpato a Dio.

Quando invece abbiamo autorità in un certo ambito e siamo animati dalle virtù e dai doni dello Spirito Santo, non solo è lecito, ma è doveroso giudicare. È il caso dei genitori nei confronti dei figli, dell'esperto nei confronti dell'inesperto, del religioso nei confronti del laico, del principe nei confronti del popolo, del soggetto nei confronti della realtà oggettiva conosciuta, della creatura spirituale nei confronti delle creature temporali. Così l'uomo (e in particolare il cristiano) è chiamato a scrutare i segni dei tempi, ad ammonire i peccatori circa il peccato e a valutare ogni situazione della vita propria e altrui.

I cinque significati del giudizio

Sono dunque rintracciabili, in San Tommaso, cinque significati del giudizio. Primariamente c'è il giudizio che proviene dall'odio, ad esempio del peccatore che si reputa giusto, «come quando uno giudica di cose dubbie od occulte basandosi su delle semplici supposizioni». In questo caso il giudizio è «sospettoso» o «temerario», poiché l'uomo non può leggere nel cuore di un'altra persona, né darsi una ragione completa dei moventi dietro le azioni altrui. È importante non giudicare, a questo proposito, specialmente quando si tratta di un peccato pubblico, «poiché ne nascerebbe uno scandalo nella mente altrui». Il secondo senso del giudizio, simile al primo, è quello usurpativo, che l'uomo esercita su cose di cui non ha competenza: è di colui che si sostituisce a Dio o di chi giudica prima di avere un quadro completo delle circostanze. Perciò San Paolo afferma: «Non giudicate prima del tempo»[137], ovvero prima di avere esaminato ogni aspetto della situazione.

C'è un terzo senso del giudizio, su cui l'uomo non si può e non si deve esprimere. Potremmo chiamarlo giudizio d'incompetenza ed è tipico di chi non ha l'autorità nei confronti del superiore. Sbaglia dunque il ragazzo che si ribella ai genitori, o l'imputato che disprezza il giudice, o l'ignorante che mette a tacere il sapiente, o il penitente che mortifica il confessore, o il popolo che rovescia un potere costituito. Ma il giudizio è invece legittimo in ordine a due significati ulteriori, già accennati in precedenza: nel caso il giudicante abbia l'autorità necessaria – ma anche legale e consentita – sugli uomini (quarto senso) e l'abbia sulla realtà oggettiva (quinto senso).

Giudizio della coscienza e giudizio magisteriale

Il *Catechismo della Chiesa Cattolica* afferma che, sebbene il Padre abbia «rimesso ogni giudizio al Figlio», questi «non è venuto per giudicare, ma per salvare» il mondo[138]. Così vi sarà un giudizio, per i vivi e per i morti, dove però sarà compiuta anche la misericordia verso il peccatore penitente. Quanto all'uomo, ogni sua azione morale deriva da un

[137] 1Cor 4, 5.
[138] *CCC* n. 679.

proprio «giudizio di coscienza», che può essere buono o cattivo. Questo è un giudizio legittimo, che precede ogni atto umano consapevole e che dipende dall'oggetto dell'azione, dall'intenzione soggettiva e dalle circostanze esterne[139]. È dunque chiaro che l'uomo esercita il giudizio senza interruzione, per tutto il corso della propria vita, relativamente alle azioni da compiere e alle scelte da effettuare. Vi è addirittura una salutare «sentenza del giudizio di coscienza»[140], mediante la quale possiamo individuare il nostro peccato, pentirci e salvarci. Certamente il giudizio umano può essere «retto», se in accordo alla ragione e alla legge divina, o «erroneo», se ostinato nella colpa. In ogni caso è un giudizio effettivo, personale.

Anche la Chiesa, sulla base del Magistero, contempla l'esercizio del giudizio: «È compito della Chiesa annunziare sempre e dovunque i principi morali anche circa l'ordine sociale, e così pure pronunciare il giudizio su qualsiasi realtà umana, in quanto lo esigano i diritti fondamentali della persona umana o la salvezza delle anime» (*Codice di Diritto canonico*, can. 747).

---

[139] *Ibid.*, nn. 1749, 1750.

[140] *Ibid.*, n. 1781.

LA MISERICORDIA COMPIE LA GIUSTIZIA

Quando Dio applica la misericordia, non annulla la condanna del peccato, ma la sposta da una persona all'altra. Nel caso del penitente, infatti, le conseguenze del peccato non sono annullate, bensì traslate dal peccatore al Crocifisso, che se le assume per intero. Si dice allora che "Gesù Cristo è morto per i nostri peccati", proprio perché la condanna non è stata abolita, ma si è spostata dalla persona umana alla divina.
Il binomio "giustizia-misericordia" diventa allora simile a quello "giustizia-giustizia traslata": la giustizia è così integra, mentre la misericordia – il perdono – si compie nel trasferimento a Dio non solo della passione, ma anche di tutta la gloria del martirio innocente.

Il martirio dell'innocente è un atto ingiusto, quando la volontà del martire è contraria, ma diventa un atto conforme alla giustizia quando la volontà del martire è concorde, poiché egli non riceve nulla che non voglia. Quanto alla crocifissione, poi, il Signore non si limitò a volerla, ma la bramò, tanto il suo amore per i peccatori è acceso.
Il concetto di misericordia, allora, non rimanda al contenuto oggettivo dell'azione pietosa. Rimanda piuttosto alle intenzioni soggettive del misericordioso, che sorgono dal desiderio di bene nei confronti del penitente. Il sostantivo "misericordia" è composto dalle parole latine "*misèreo*" ("ho pietà") e "*còrdis*" ("cuore"), per indicare il movimento amoroso che desidera il bene dell'amato.
Gli uomini sono tenuti ad oltrepassare la giustizia dei farisei[141] e ad applicarla come misericordia. A questo proposito, Sant'Alfonso Maria de' Liguori – nella sua opera *Le glorie di Maria* – riporta le sentenze di Giovanni Gersone e di san Tommaso d'Aquino. Il Gersone dice: «Due cose ho udito: che a Dio appartiene il potere e a te, Signore, la misericordia. Poiché il regno di Dio consiste nella giustizia e nella misericordia, il Signore l'ha diviso: il regno della giustizia lo ha riservato per sé e il regno della misericordia l'ha ceduto a Maria [...]».

San Tommaso, confermando il Gersone, scrive nella prefazione delle sue *Epistole canoniche* che «la santa Vergine, allorché concepì nel seno il Verbo divino e lo partorì, ottenne la metà del regno di Dio, divenendo la regina della misericordia, mentre Gesù Cristo resta re della giustizia». È chiaro che la misericordia di Maria procede direttamente dall'abisso della misericordia di Dio. E tuttavia Dio si vuole servire delle persone per dispensare la sua misericordia, mentre tiene infallibilmente per sé le chiavi della sua giustizia.

[141] Cf. Mt 5, 20.

LE REGOLE E IL FARISEISMO IPOCRITA

San Luigi Maria Grignion da Montfort (1673-1716), nel suo *Trattato della vera devozione alla Santa Vergine*, osserva che «le pratiche esteriori, fatte bene, aiutano quelle interiori [...]; esse inoltre hanno il vantaggio di edificare il prossimo che le vede, ciò che non si può dire di quelle interiori» (c. VIII, n. 226). Per cui – scrive – «benché l'essenziale di questa devozione consista nell'interiore, essa comporta diverse pratiche esteriori che non bisogna trascurare».

E, a sostegno della tesi, il Montfort cita direttamente Gesù Cristo che, rivolto ai farisei, li rimprovera di «trasgredite le prescrizioni più gravi della legge – la giustizia, la misericordia e la fedeltà» – anche se non bisogna affatto «omettere» di pagare «la decima della menta, dell'anèto e del cumìno»[142]. Non solo Gesù non condanna l'osservanza delle regole, ma lo stesso Montfort precisa con forza: «Che nessun mondano, o critico, metta qui il naso per dire che la vera devozione sta nel cuore, o che bisogna evitare ciò che è esteriore perché ci può essere vanità, o che si deve tener nascosta la propria devozione, ecc...». Ma anzi, come dice Gesù: «Così risplenda la vostra luce davanti agli uomini, perché vedano le vostre opere buone e rendano gloria al vostro Padre che è nei cieli»[143].

L'atteggiamento farisaico o ipocrita, dunque, non risiede nell'osservanza delle regole esteriori, ma nell'intenzione con la quale esse sono compiute o nel limitarle all'esteriorità. Sta infatti scritto: «Guardatevi dal praticare le vostre buone opere davanti agli uomini per essere da loro ammirati, altrimenti non avrete ricompensa presso il Padre vostro che è nei cieli»[144]. A questo proposito il Monfort, nel *Trattato*, cita San Gregorio, secondo cui le buone opere sono auspicabili «non perché si debbano compiere le proprie azioni e devozioni esteriori per compiacere gli uomini e ricavarne qualche lode», ma «per piacere a Dio e così rendergli gloria, senza preoccuparsi dei disprezzi o delle lodi degli uomini».

Che poi tra le opere buone debba rientrare anche l'osservanza della Legge divina – e quindi l'osservanza di regole e precetti – lo afferma ad esempio il Concilio di Trento (*Decreti*, c. XI), che pone una relazione tra esse, mediante il Salmo 118: «Ho piegato il mio cuore ad osservare i tuoi precetti, per la ricompensa». Ma molto più lo si evince dalla realtà medesima: non è ipocrita il genitore che indica al figlio come comportarsi bene, né il legislatore che legifera, né il giudice che giudica, né chiunque rispetti un qualche regolamento, né il fedele che adempie i comandamenti divini, né il sacerdote che si attiene alle rubriche liturgiche.

Viceversa l'ipocrita separa sempre il dire dal fare, le regole dall'azione e, in ultima analisi, il precetto dalla carità (o dalla libertà). A questo proposito, San Tommaso d'Aquino afferma che «l'osservanza dei comandamenti basta a introdurre nella vita [eterna]», ma «le opere buone non bastano a introdurre nella vita [eterna], se non emanano dalla carità»[145]. Se, difatti, è vero quanto dice il Signore: «Se vuoi entrare nella vita, osserva i comandamenti»[146]; è altrettanto vero quanto dice San Paolo: «Se anche distribuissi tutte

142 Mt 23, 23.

143 Mt 5, 16.

144 Mt 6, 1.

145 *S. Th.*, I^{a} II^{ae}, q. 100, a. 10.

146 Mt 19, 17.

le mie sostanze e dessi il mio corpo per essere bruciato, ma non avessi la carità, non sono nulla»[147].

È comunque sbagliato ritenere, per quanto visto, che l'osservanza (anche scrupolosa) di leggi, decreti o regolamenti sia l'anticamera del comportamento farisaico, specialmente quando è presente la carità. Né qualcuno può essere accusato di fariseismo per via del fatto che ama il Magistero cattolico o la dottrina di Gesù Cristo. La dottrina medesima della Chiesa è conosciuta come «sacra dottrina». Il *Catechismo della Chiesa Cattolica*, in questo senso, si riferisce alla «dottrina salvifica di Cristo»[148] o «dottrina di vita»[149].

---

[147] 1Cor 13, 3.

[148] *CCC* n. 2179.

[149] *CCC* n. 2764.

LA VIRTÙ

LE VIRTÙ IN MARIA E NELLA DOTTRINA SOCIALE DELLA CHIESA

L'Arca dell'Alleanza si sposta gloriosa e pellegrina per i monti di Giuda, da Baala a Gerusalemme, nel tripudio delle folle e di Davide, che danza – *skirtàn*, in greco – al suono dei sistri. Nel capitolo 6 del secondo Libro di Samuele, Davide non si pente di essersi comportato come un «uomo da nulla», nudo e danzante, ma anzi confessa con ardore: «mi abbasserò anche più di così e mi renderò vile» dinnanzi al Signore.
E come Arca vivente della nuova ed eterna Alleanza, Maria Santissima percorre le medesime alture di Giuda. E giunta presso la casa di Zaccaria, il Battista esulta, danza – *skirtàn*, di nuovo – al cospetto del Signore e dell'Arca, nel grembo della cugina Elisabetta[150]. È la sua una *peregrinatio* di una gloria maggiore, poiché l'Arca è viva, come vivo è il frutto del suo grembo, Gesù Cristo.

L'onore di Dio è la nostra salvezza

La pietà popolare ha dato il nome di *peregrinatio Mariae* al trasporto di una statua o di un'immagine della Santa Vergine di chiesa in chiesa, per facilitare la devozione mariana e impetrare il soccorso spirituale del Cielo durante il nostro cammino di conversione. E anche a Trieste, durante l'ultimo Avvento, il nostro Arcivescovo Giampaolo Crepaldi ha indetto una *peregrinatio Mariae* diocesana, spiegandone l'importanza nel messaggio *Il volto di Maria*. L'immagine della Madonna delle Grazie, conservata al santuario di Santa Maria Maggiore ha già cominciato dunque ad essere trasportata ed esposta nelle chiese. In tal modo – scrive mons. Crepaldi – Maria varca «la soglia delle nostre comunità parrocchiali e delle nostre famiglie, portando a tutti un messaggio di fede, di speranza e di carità», come quando «varcò la soglia della casa di Zaccaria e di Elisabetta».
C'è un punto notevole nel messaggio d'Avvento, laddove l'Arcivescovo fa opportunamente riferimento all'esortazione apostolica *Marialis Cultus* (1974) del beato Paolo VI. In essa – specifica il messaggio – c'è l'invito rivolto ai fedeli, di assumere Maria come modello e «prepararsi per andare incontro al Salvatore che viene, vigilanti nella preghiera, esultanti nella fede» (n. 4). Il pronunciamento del Santo Padre è notevole, soprattutto per la chiarezza con cui tratta le questioni più centrali. In *Marialis Cultus* il Pontefice non solo intendeva riconsegnare la Madonna alla pietà popolare, dopo il preoccupante tracollo mariologico dei primi anni Settanta, ma voleva pure presentarla come «modello di virtù davanti a tutta la comunità degli eletti». Paolo VI, al n. 57 dell'esortazione, introduce un sorprendente elenco delle virtù mariane, legate agli episodi della sua vita narrati nei Vangeli. Elenco non certo sterile e confinato alle vicende della Santa Vergine: «Di queste virtù della Madre – auspica Paolo VI – si orneranno i figli, che con tenace proposito guardano i suoi esempi, per riprodurli nella propria vita». E dunque Dio desidera che sua Madre venga onorata e venerata, sia perché è santo e doveroso che, suo tramite, siano resi gli onori e le lodi alla Ss. Trinità, sia perché il rimedio umano di salvezza più sicuro e lieve è il rivestimento dello splendido abito delle virtù – o «progresso nella virtù» – dono e ausilio dello Spirito Santo.

---

[150] Lc 1, 39-41.

Maria regina delle virtù

Riprodurre, allora, le virtù della Vergine nella nostra vita, come insegna Paolo VI. Ma quali virtù? All'Annunciazione, al cospetto dell'angelo, la Madonna ha dato prova di «docilità», che è la virtù dei bambini e che nulla centra con l'infantilismo (vizio piuttosto da evitare). La docilità è un buon terreno per il germoglio della fede ed è presente in Maria anche alle nozze di Cana. L'«obbedienza generosa» è tipica del suo «eccomi!», rivolto all'angelo. Dio poi intravide nella Vergine l'«umiltà schietta» e la «povertà dignitosa», poiché «ha guardato l'umiltà della sua serva»[151]. Ella manifestò ancora la «sapienza riflessiva» quando, ad esempio, «serbava tutte queste cose [i fatti della natività, ndr] meditandole nel suo cuore»[152].

Durante la fuga in Egitto e la strage degli innocenti, Ella esercitò la «fortezza nell'esilio e nel dolore». Importante è anche il rapporto peculiare con suo marito, Giuseppe, dal quale traspare luminosa la sua «purezza verginale», come anche il suo «forte e casto amore sponsale». E inoltre in Maria si ha una «carità sollecita» (visita a s. Elisabetta). Ella è poi «riconoscente dei doni ricevuti» (*Magnificat*), «offerente nel tempio» (presentazione di Gesù) e «orante nella comunità apostolica» (al Cenacolo con gli apostoli).

In tal modo Polo VI ci presenta una donna ricolma dei doni dello Spirito Santo e splendente nella virtù, radicata e salda al suo proprio essere. La Madonna è la prima creatura che realizza pienamente il Salmo 83, v. 8: «*Ibunt de virtute in virtutem, videbitur Deus deorum in Sion*» – «Andranno di virtù in virtù, finché vedranno il Dio degli dei in Sion». Questa dovrebbe essere la vicenda umana dei credenti: «*Ibunt de virtute in virtutem*», traducibile anche con «cresce il loro vigore lungo il cammino».

Etica delle virtù

Questa era trasmessa di padre in figlio, di madre in figlia, per secoli: la virtù. Non era necessario convincere le famiglie circa la necessità di un'educazione che avesse come obiettivo la persona virtuosa. La morale – o etica – delle virtù s'impose per tutta l'epoca medievale ed era l'approdo scontato per ogni antropologia teologica o filosofica. Le *summe* e i *commentari* della Scolastica tornavano spesso sulle virtù e sui doni dello Spirito Santo. Si trattò di una teologia ad appannaggio dichiarato ed esclusivo per l'umile e beato pellegrino, per l'*homo viator*, per colui che accetta l'*itinerarium* della salvezza (pentimento, mortificazione, conversione e ascesa a Dio). Lui solo comprende, perché sa mettersi in ginocchio, si rialza e cammina verso Dio. Viceversa, questa teologia s'intendeva preclusa al reprobo, all'indolente.

La prassi virtuosa si dimostrò decisiva nella vita dei santi – come anche nelle scelte politiche e sociali – e costituì vasta parte della teologia e della predicazione, grossomodo prima dell'imporsi della modernità.

Non che dal Rinascimento il mondo non abbia conosciuto uomini virtuosi, ma l'educazione soffrì l'affermarsi dell'imperativo categorico protestante e kantiano (quanto all'obbligo), come anche delle suggestioni libertarie (quanto all'indifferenza). Si parlò,

[151] Lc 1, 48.
[152] Lc 2, 19.

allora, di morale dell'obbligo e di morale dell'indifferenza: questi estremismi prevalsero e fu generalmente non poco mortificato lo sviluppo virtuoso della persona, a casa come a scuola. Fino ad oggi.

Virtù e Dottrina sociale della Chiesa

Nel *Compendio della Dottrina sociale della Chiesa*, del quale ricorrono i dieci anni dalla data della prima edizione (2005), le considerazioni attorno alle virtù emergono di frequente. Fin dall'introduzione è subito chiarito che l'autentico umanesimo potrà sussistere solo «se i singoli uomini e donne e le loro comunità sapranno coltivare le virtù morali e sociali in se stessi e diffonderle nella società» (n. 19). Ad esempio, la «solidarietà» tra persone è tanto un «principio sociale», quanto una «virtù morale», per cui è definibile come «la determinazione ferma e perseverante di impegnarsi per il bene comune» (n. 193). Vi è, insomma, un «un profondo legame» tra «le virtù nel loro complesso, e in particolare tra virtù, valori sociali e carità», per cui non è sbagliato parlare di «etica sociale» (n. 204). Non va dimenticato, in questo caso, che la carità anima e ispira l'esercizio di tutte le virtù, così come si esprime il *Catechismo della Chiesa Cattolica* al n. 1827 e come affermato da San Tommaso d'Aquino: «*caritas est forma virtutum*» – «la carità è la forma delle virtù».
Molto importante è pure il capitolo del Compendio sulla famiglia, dove si afferma che in essa «i figli apprendono le prime e più decisive lezioni della sapienza pratica a cui sono collegate le virtù» (n. 210). Non solo, ma «esercitando la sua missione educativa, la famiglia [...] costituisce la prima scuola di virtù sociali, di cui tutte le società hanno bisogno» (n. 238). Il ricorso alle virtù è richiesto anche in ambito politico, perché sia favorita «la pratica del potere con spirito di servizio», realizzabile tramite «pazienza, modestia, moderazione, carità, sforzo di condivisione» (n. 410).
Il Compendio non può non approfondire il discorso sulle virtù, poiché è un tema presente nelle stesse encicliche sociali, a cominciare dalla prima: la *Rerum Novarum* (1891) di Leone XIII. Al n. 20 si specifica che «la vera dignità e grandezza dell'uomo è tutta morale, ossia riposta nella virtù». Inoltre, «la virtù è patrimonio comune, conseguibile ugualmente dai grandi e dai piccoli, dai ricchi e dai proletari» e «solo alle opere virtuose, in chiunque si trovino, è serbato il premio dell'eterna beatitudine». Anche nel pronunciamento di Leone XIII è rimarcata l'importanza di rimuovere «tutti gli ostacoli che attraversano il cammino della virtù».

GRANDI FIGURE TEOLOGICHE E DI SANTTÀ

INTRODUZIONE A SAN BONAVENTURA DA BAGNOREGIO

San Bonaventura è un autore peculiare, originalissimo, sia rispetto ai contenuti della sua speculazione teologica, sia per il metodo e lo stile con il quale ha composto le sue opere. E proprio del metodo e dello stile è interessante cominciare a parlare.
Credo non vi sia opera scritta da San Bonaventura, che non sia tratta direttamente dalla profonda e personale esperienza mistica. Questo santo, infatti, prima che teologo, dev'essere considerato uno dei più grandi mistici di tutti i tempi. Condensando il giudizio della maggioranza degli studiosi, direi che non si possa capire Bonaventura, se non si tiene conto di questo aspetto centrale della sua personalità: una profonda vita di grazia e di comunione con Dio. Ci si aspetterebbe, allora, che il santo Dottore non abbia scritto o parlato, se non di mistica – e al modo che ne parlarono Santa Teresa d'Avila, ad esempio, o San Giovanni della Croce, o lo stesso San Francesco, o i più recenti Santa Gemma Galgani o San Pio da Pietrelcina.

Ci si aspetterebbe, cioè, che San Bonaventura abbia scritto opere che parlano al cuore, per mezzo del sentimento, della poetica, del fervore che si ha nell'estasi. Non che questi elementi spirituali siano assenti, anzi ve ne sono parecchi. Ma chi legge per la prima volta San Bonaventura, nelle opere più significative, nota subito una particolarità: sono testi certamente non facili da leggere e da capire. Sono testi, cioè, di grande rigore e sistematicità scientifica. Non certo testi, per così dire, "ascetici" – nel senso che una persona che cerca un libro di mistica, si aspetta di trovare un testo scorrevole, che parli prima al cuore e poi alla mente, o che almeno sia confortante per l'anima.
Addirittura, l'opera mistica più importante e conosciuta del Dottore Serafico – ovvero *L'Itinerario della mente in Dio* – non è comprensibile, se non conoscendo bene l'autore e aiutandosi a fatica con le note a pie' pagina. Può sembrare strano, ma dopo tre o quattro pagine, più di un lettore – sconfortato – ha abbandonato la lettura, che procedeva sempre più a fatica.

Perché San Bonaventura scrive così? Cosa lo differenzia dagli altri mistici?
La risposta non è difficile: è impossibile per lui concepire la Fede senza la Ragione e viceversa. Non perché la Fede sia confondibile con la Ragione, ma perché la Fede è strettamente unita alla Ragione, ovvero non vi può essere separazione tra le due.
Per capire meglio questo punto, il santo Dottore fa un esempio, tratto dal suo *Commento alle Sentenze di Pietro Lombardo*: «un carpentiere possiede strumenti diversi per compiere operazioni diverse, come la scure per tagliare ed il martello per battere, nondimeno può servirsi della stessa scure sia dalla parte della lama per tagliare sia dalla parte opposta alla lama per sostituire il martello». In altre parole, si può usare un solo utensile per tagliare e per battere. Così è anche per l'anima umana – dice il Dottore Serafico: la ragione e la volontà non sono paragonabili a due utensili differenti, ma sono due "potenze" dell'anima, paragonata ad un unico utensile. Detto in parole ancora più semplici,

Bonaventura ipotizza che sia più corretto dire che l'anima ha la potenza di ragionare o di volere, piuttosto di dire che l'anima è composta di ragione e volontà.
Si vede, quindi, che il santo Dottore guarda alla persona umana come ad una totalità – non ha senso allora chiedersi se il primato spetti alla ragione o alla volontà, alla ragione o alla fede (che è adesione volontaria alla Verità), ma per unirsi a Dio è necessaria la persona umana tutta intera, in tutte le sue capacità. Non c'è, allora, da stupirsi se Bonaventura chieda al lettore, che cerca Dio con tutta l'anima, anche lo sforzo del ragionare.

Ma veniamo ora alla questione centrale: la questione di Dio. Anche qua il santo Dottore dà soluzioni del tutto originali. La teologia bonaventuriana è una teologia strettamente *cristocentrica*. Il concetto che Bonaventura ha della Trinità è di un Dio Unico, che accompagna l'uomo per tutta la storia, che si rivela nella storia. Questa Rivelazione, inoltre, non può essere spiegata semplicemente con l'immagine di un Dio che parla all'uomo in modo esaustivo, completo, fin dal primo giorno. Bonaventura qua introduce l'idea di *progresso*: la Rivelazione, cioè, non può essere che *progressiva*.
Nel senso che Dio non si rivela subito nella pienezza della sua luce, perché l'uomo non è in grado di sopportare immediatamente il peso della Verità tutta intera. Viceversa, l'uomo viene accompagnato con infinita pazienza, lungo la storia, alla Verità tutta intera. Gesù Cristo compie e conclude la Verità e con lui ha termine la Rivelazione, nel senso che con Gesù Cristo, Dio dice tutto di sé stesso, si rivela completamente.
Questo però non significa, per Bonaventura, che con Gesù Cristo siano finite le manifestazioni della luce divina, che accompagnano l'uomo in tutta la sua storia, dall'inizio alla fine del mondo. In questo senso Gesù Cristo è al centro della storia: perché l'uomo lo comprende per gradi, progressivamente.

Si spiega allora, ad esempio, la luce portata da San Francesco d'Assisi, che si presenta nella storia come un *alter Christus*, un altro Cristo. Non perché ci sia bisogno di un nuovo Messia, ma perché sia chiaro che Dio non ci lascia mai al buio; e l'azione dello Spirito Santo "*che vi insegnerà ogni cosa*" – come appunto dice Gesù nell'Ultima Cena – è incessante.
Bisogna, però, eliminare la possibilità di un possibile equivoco: quando Bonaventura parla di *progresso*, non intende qualcosa di simile al moderno concetto di *progressismo*. Non intende, cioè, dire che l'uomo deve raggiungere la Verità o una qualche completezza di Verità. L'uomo unito a Gesù Cristo ha già – è già nella Verità. Il santo Dottore vuole solo sottolineare che l'uomo, pur essendo in comunione nella Verità tutta intera, può non comprenderla – ed ha bisogno di un sostegno continuo della Grazia, dello Spirito Santo e dei suoi santi Doni.

Come ebbe San Bonaventura queste intuizioni, queste sublimi illuminazioni? Non certo mettendosi banalmente a pensare o costruendo una certa teoria teologica. Come infatti ho specificato all'inizio, il Dottore Serafico visse una profonda vita mistica. Accenno ad uno degli avvenimenti più significativi della sua vita. Per riposarsi dalle fatiche che gli venivano dalla direzione dell'Ordine francescano, Bonaventura, poco più che quarantenne, si recò da Parigi in Italia, sul monte della Verna (in Umbria) dove, parecchi anni prima, San Francesco aveva ricevuto le stimmate (cioè i fori alle mani ed ai piedi).

Proprio sul monte della Verna, San Bonaventura ebbe un'esperienza mistica analoga a quella di San Francesco: vide, durante una profonda meditazione, un serafino alato – un angelo cioè – in forma di Crocifisso. Più precisamente, il serafino aveva sei ali.
Nelle sei ali, San Bonaventura potè quasi vedere o concepire che l'anima dell'uomo ascende a Dio, percorrendo un itinerario di sei tappe o stazioni. Questo percorso parte dalla contemplazione del mondo fisico e delle creature – tanto care, ricordiamo, al Poverello d'Assisi – passa per le profondità dell'anima e s'innalza gradualmente, *progressivamente*, alle realtà spirituali e soprannaturali e, quindi, a Dio. Tutta questa esperienza è contenuta nel'opera già citata *Itinerarium mentis in Deum* (*Itinerario della mente in Dio*).

Da questa esperienza della Verna, si può trarre il tema bonaventuriano e medievale dell'*homo viator*. Cioè dell'uomo che intraprende l'itinerario della santità. Dicevo che San Bonaventura concepisce la volontà e la ragione come due potenze dell'anima non separabili. Possiamo anche dire, per semplificare, due facce della stessa medaglia. Questo significa pure che per conoscere Dio, all'uomo non può essere sufficiente la sola ragione. Cioè, per giungere alla conoscenza vera del mondo e di Dio, deve necessariamente concorrere anche la volontà. Bonaventura dice che la volontà umana è libera, nel senso che si esprime nel libero arbitrio, mediante il quale l'uomo sceglie liberamente se fare il bene o il male.
È chiaro, però, che solo facendo il bene, soltanto cioè se la volontà è orientata al bene, questa volontà può avere parte con la ragione al raggiungimento di una qualche conoscenza vera. Insomma – ed è questa la grande intuizione etica di San Bonaventura – la conoscenza non dipende solo da quanto sono ragionevole, ma anche dalla mia posizione morale dinnanzi a Dio.

San Benedetto da Norcia e il monachesimo occidentale

I monasteri sono tutt'altro che frugali. Sono imponenti. Hanno la forma di cittadelle abbarbicate ai monti. Chiostri ordinati. Stanze riccamente intarsiate di affreschi. Biblioteche, farmacie, torrioni, grotte, terrazze, cripte, cortili, pozzi, scalinate, chiese. Il monaco – un certo tipo di monaco – non può farsi mancare nulla, perché sa di avere avuto tutto da Dio. Questo monaco vuole ridare tutto a Dio, dopo che ha compreso che Dio è il Tutto.
L'intuizione, poco più di un'intuizione, l'ha avuta Benedetto da Norcia, fattosi monaco attorno all'anno 500 quando già il monachesimo era attivo da due secoli. Centinaia di migliaia di persone, in Palestina e in Egitto, come anche in Italia, avevano da gran tempo lasciato il mondo per l'eremo, avevano trovato la conversione e, dopo essere vissuti nella pace, in pace erano morti. Ma cosa intuì Benedetto di tanto speciale, che gli altri monaci santi non percepirono, o percepirono in modo non decisivo? Il monaco in genere, da sant'Agostino in poi, fugge dalla città dell'uomo per raggiungere la città di Dio, già in questa vita. E fa bene: il regno di Dio, dice Gesù, non è di questo mondo. Il penitente, cioè, non è mondano.
Ci sono, però, due strade – o due fiumi – che portano alla città di Dio e che corrispondono a due scelte sante: o allontanarsi dalla città dell'uomo, o sostituirla, per edificare la città di Dio prima della fine dei tempi. San Benedetto fu colui che inaugurò la seconda strada e navigò sul secondo fiume.

La peculiare idea benedettina di monachesimo

Non subito, però. Egli dovette «sopportare e superare» tre difetti anticristiani, che sono le «tre tentazioni fondamentali di ogni essere umano», ovvero «la tentazione dell'autoaffermazione e del desiderio di porre se stesso al centro, la tentazione della sensualità» e quella dell'«ira e della vendetta». Così osserva Papa Benedetto XVI all'Udienza generale del 4 aprile 2008. Sembrano cosette da nulla, ma se l'uomo non le vince, ogni illusione di poter guadagnare gli altri a Cristo si traduce in certezza di fallimento. Per questo motivo il futuro fondatore di cenobi e comunità monastiche si guardò bene da iniziative avventate e visse per tre anni in solitudine completa, dentro una grotta ad est di Roma, pervenendo comunque a perfezione in breve tempo. Non comprese altrettanto rapidamente la peculiarità della sua vocazione, poiché fondò i primi monasteri nei pressi di Subiaco, lontano dai centri abitati, secondo la prassi dell'epoca. I Padri del deserto egiziano, ad esempio, fuggivano dalle città e si rifugiavano presso zone impervie, difficilmente accessibili, sia che scegliessero la vita solitaria (eremiti), sia che si riunissero in comunità (cenobiti).
Benedetto, invece, dopo l'esperienza del Subiaco, ebbe un'illuminazione. Si trasferì a sud, sul Monte Cassio (Montecassino), certamente in luogo appartato, ma non impervio, tanto che il primo modesto cenobio era visibile e raggiungibile dagli abitanti della vallata. Potrebbe sembrare una decisione che non avrebbe cambiato granché. E, invece, cambiò tutto. Lo spiega lo stesso Joseph Ratzinger nell'Udienza: «la vita monastica nel nascondimento ha una sua ragion d'essere, ma un monastero ha anche una sua finalità pubblica nella vita della Chiesa e della società, deve dare visibilità alla fede come forza di vita». Il progetto benedettino, difatti, prevedeva due momenti nella vita quotidiana del

monaco. La *Regola* di san Benedetto mette a fondamento dell'attività del penitente la preghiera. Mai e per nessuna ragione il monaco avrebbe dovuto allontanarsi dall'orazione, prevista ad orari stabiliti, compresa la notte. Eppure, aggiunge il santo, la contemplazione ha un senso solo se si traduce in azione, in fatti, in opere.
È difficile dichiarare con certezza che san Benedetto pensasse non solo alla salvezza eterna delle persone, ma pure alla realizzazione concreta della città di Dio sulla terra. In ogni caso fu proprio quel che accadde, nel senso che quella prassi, intenzionalmente o meno, innescò proprio la nascita di una nuova civiltà secolare.

La fondazione dell'Europa cristiana

Attorno e dentro il monastero di Montecassino, come anche in altri monasteri, si riuniscono in breve non solo monaci, ma anche molti laici secolari, uomini e donne, proprio per via della facilità di vedere e raggiungere le strutture. E cosa fanno questi laici? Coltivano i terreni abbandonati, imparano i mestieri, vengono evangelizzati dai monaci, sviluppano un sistema economico, ricevono un'istruzione, sono curati dai farmacisti. Non che la *Regola* benedettina prevedesse tutto questo, né si trovano indicazioni circa una qualche attività intellettuale, ma tutto si articolò spontaneamente, al di là forse anche delle intenzioni di san Benedetto. Egli, in fondo, si era servito di materiale già esistente: c'erano altre *Regole* e sussisteva l'attività comune dei monaci descritta nelle vite dei santi.
Forse fu del tutto conseguente che, nel mezzo della guerra tra Bizantini e Ostrogoti (535-553), la gente vedesse nel monastero un centro religioso e culturale, che potesse arginare la barbarie diffusa. In un mondo fratturato tra il dissolvimento degli Imperi romani d'Oriente e d'Occidente e dove l'arianesimo spopolava tra Goti, Vandali e Longobardi, il monastero doveva apparire una realtà completamente nuova, se non altro per la forza spirituale che riusciva ad emanare. Il monachesimo si diffuse per tutta l'Europa, anche per merito di Carlo Magno, che incaricò Benedetto d'Aniane di unificare i monasteri proprio sul modello della *Regola* benedettina. Non va poi dimenticata la dimensione unificante della liturgia, per cui le popolazioni della *latinitas* e della *germanitas* trovarono progressivamente, nell'unità del culto, anche l'unità civile e sociale. E all'unità liturgica si aggiunse l'unità culturale, in seguito alle attività legate alla trascrizione e alla diffusione dei codici. Le abbazie divennero importanti centri di cultura, dotate di *scriptorium* e di biblioteca: molto dello scibile patristico e classico greco-romano venne copiato, studiato e tramandato.
Quanto all'Occidente, non vi fu elemento storico più unificante del monachesimo cristiano medievale, al punto da rintracciare in esso la causa maggiore della stessa edificazione dell'Europa e, più in generale, di quella comunemente chiamata civiltà cristiana o cristianità.

Cluniacensi, cistercensi e camaldolesi

San Benedetto da Norcia fu il padre spirituale di molti santi abati, che a lui s'ispirarono per una riforma della Chiesa nel senso di un recupero del fervore e dell'ascesi. Nel VII secolo san Colombano fonda monasteri nella Francia meridionale e san Benedetto Biscop introduce il monachesimo in Inghilterra. Nell'VIII secolo è la volta della

Germania, con l'edificazione dell'abbazia di Fulda, da parte di san Bonifacio. Lo stesso Carlo Magno raccomanda l'istruzione giovanile dei cristiani presso le abbazie, tanto che ordina a tutti i monasteri dell'Impero, nell'*Admonitio generalis* del 789, d'istituire scuole per i figli dei cristiani.
Dopo un periodo di crisi, il monachesimo benedettino risorge nel X secolo con la riforma cluniacense. Il movimento monastico di Cluny produsse più di mille monasteri in Francia e qualche centinaio nel resto d'Europa. Nuove figure di grandi santi operarono a favore dell'evangelizzazione e dell'istruzione dei popoli europei. Nel 1098 nascono i Cistercensi, dopo la fondazione di un monastero a Cîteaux. Sempre nell'XI secolo è la volta dei Camaldolesi, a seguito della fondazione dell'eremo di Camaldoli, nel Casentino, da parte di san Romualdo. Solo il fatto che il Casentino diede i natali a Guido monaco, inventore delle note musicali, dà l'idea di quanto in profondità abbia inciso il monachesimo a favore della cultura di una civiltà.

Il monachesimo e l'insegnamento sociale di Cristo

Sembra allora che il monachesimo abbia contribuito, in modo determinante, alla diffusione e alla realizzazione dell'aspetto sociale dell'insegnamento di Gesù Cristo, creando almeno le condizioni per la successiva organizzazione della politica, dell'economia, della tecnica e della cultura in Occidente. Sono queste abbazie, in fondo, le realtà dove s'impose e si tramandò la dottrina sociale della Chiesa più che altrove, nel senso di una costruzione della città di Dio e in quello della signoria di Gesù Cristo, anche sulle realtà materiali.
Ciò che venne spontaneo nel Medioevo oggi non è riproponibile, se non a prezzo di grandi sforzi di pochi. È tuttavia il monachesimo la prova più evidente che non è possibile uscire da un'epoca di crisi, se non curando l'anima, rimettendo Dio al centro, edificando la città di Dio giorno per giorno e fuggendo dal mondo su alture elevate e sante.

San Luigi Gonzaga

Nel coacervo arcano dei giudizi di Dio può accadere che un santo sia mortificato oltre misura e un altro, al contrario, godere di grande stima e affetto. Immense e difficili da sopportare, ad esempio, furono le umiliazioni di Santa Giovanna d'Arco (scomunicata e arsa viva), di Santa Bernadette Soubirous (scambiata per pazza visionaria) o di San Pasquale Baylón (vilipeso più volte con l'appellativo di "idiota" e "finto carismatico"). Ben diverso fu, invece, il trattamento riservato a San Luigi Gonzaga (1568-1591) che, per una particolare disposizione della provvidenza, si vide spesso lodato, quanto persino invidiato.

Le prime lodi Luigi le ricevette direttamente da suo padre, Ferrante Gonzaga, primo marchese di Castiglione delle Stiviere, quando ben presto si accorse che suo figlio era dotato di una pronta e acuta intelligenza. Luigi – ma si firmava Aluigi, per via del suo nome in latino, Aloysius – fu il primogenito di otto figli: famiglia nobile e imparentata con i Mondonio e i della Rovere. Come futuro signore di Castiglione, per diritto di primogenitura, lo attendeva l'eredità radiosa di una brillante carriera militare. Onori e ricchezze lo avrebbero accompagnato per tutta la sua vita, se solo avesse assecondato il consiglio di suo padre. E così sarebbe stato, se già dall'età di sette anni non avesse sentito un grande desiderio di preghiera, che appagò con la recita in ginocchio dei sette salmi penitenziali e dell'ufficio della Madonna. È quel periodo che lui stesso chiamerà «la mia conversione dal mondo a Dio».

Rinuncia ai privilegi della nobiltà

A dieci anni Luigi si offrì spontaneamente a Dio e consacrò se stesso alla Beata Vergine Maria. Nonostante i numerosi spostamenti per l'Italia fu sempre soggetto a forti emicranie e, in generale, non fu mai in perfetta salute. Proprio nel corso di un suo viaggio a Mantova cadde malato, ma ebbe la gioia di poter ricevere la prima comunione dalle mani di San Carlo Borromeo, di passaggio per la città. Era sempre più evidente ai fratelli e, soprattutto, a suo padre, che il giovane Luigi stava covando nel cuore una decisione del tutto difforme dal futuro che altri avevano pianificato per lui. Ferrante cercò di correre ai ripari: lo spedì in viaggio per le corti d'Italia – Pavia, Parma, Torino, Ferrara – nella speranza che il giovane si potesse distrarre dalla religione e, ancor meglio, che potesse nascere in lui un sentimento amoroso per qualche nobile dama.

Tutto inutile: Luigi non solo si convinse ancor più di dover abbandonare la vanità del mondo, ma richiese ufficialmente di rinunciare al diritto di primogenitura, in favore del fratello secondogenito Rodolfo. E fu così che Ferrante, ritrovatosi con i due figli dinnanzi al notaio, scoppiò a piangere, reputando del tutto assurda la decisione del primogenito. Piansero forse anche i cittadini di Castiglione, che compresero comunque la scelta. E Luigi fu di nuovo lodato: «Non eravamo degni di averlo per padrone – dissero – egli è un santo e Dio ce l'ha tolto». Tanto più che Rodolfo era privo delle virtù umane e intellettuali del fratello. Ottenne sì la primogenitura e l'eredita di Ferrante, ma finì per morire assassinato, dopo essergli stata comminata pure una scomunica.

Del tutto risoluto, Luigi s'incamminò alla volta di Roma e, dopo il biennio di noviziato, entrò nella Compagnia di Gesù all'età di diciannove anni (1587).

La sua penitenza era di non fare penitenza

È quasi superfluo ricordare che, anche in quanto rampollo proveniente dalla nobiltà, Luigi Gonzaga fu istruito alla filosofia, alla letteratura e alla teologia nelle migliori scuole e alla presenza dei maestri migliori. Così come nella sua precedente vita di corte ebbe colloqui con gente del calibro della duchessa di Mantova e della futura regina di Francia, anche dopo il suo ingresso tra i Gesuiti fu attorniato da persone di altissima rilevanza sociale e religiosa: San Roberto Bellarmino fu suo confessore; i padri Gabriele Vasquez, Giovanni Azor, Benedetto Giustiniani e Agostino Giustiniani – tutti teologi di grande fama e scrittori fecondissimi – lo introdussero allo studio della teologia.
Come se tutte queste premure fossero state insufficienti e come se gli attestati di stima non si fossero moltiplicati nel tempo, Luigi fu nientemeno «giudicato capacissimo per la pubblica difesa di tutta la filosofia». Questo scrive Alessandro Maineri, nel suo libro "Vita di San Luigi Gonzaga" (Salani & Giuntini, 1742), nel raccontare la disputa del 1587, nella quale il giovane dovette rispondere alle domande di cardinali e teologi di grande fama. Tutto questo avvenne perché Luigi «era d'ingegno sì aperto, sì pronto, sì profondo, che con ogni poco di applicazione comprendeva le questioni e ne rimaneva poi sempre bene in possesso». In particolare, il Gonzaga era solito speculare «sopra la Somma di San Tommaso, che anche aveva eletto per Protettore dei suoi studi; né leggeva quasi mai altro Autore». Non è dunque strano che il Collegio Romano avesse riposto in Luigi molte aspettative, «trovandosi in lui tutte tre quelle doti, che sono nel mondo in tanto credito» e, cioè, «nobiltà, santità e dottrina». Già ma quale santità?
Soprattutto quella che proviene dall'umiltà e dall'obbedienza. Il giovane era talmente legato alla preghiera, ai digiuni e alle penitenze, che i superiori dovettero paradossalmente proibirgli di pregare e di mortificarsi. Scrive Mario Scudu, in un articolo, che «si crearono situazioni al limite dell'umorismo». I suoi formatori, infatti, «non trovarono di meglio che proibirgli di fare penitenza», con «il risultato che per lui la vera penitenza era non fare penitenza». Stesso discorso per la preghiera: «siccome soffriva di emicrania, il padre spirituale gli consigliò di non pensare troppo intensamente a Dio». Al che il Gonzaga rispose: «Veramente io non so che fare. Il padre rettore mi proibisce di fare orazione [...] ed io maggior forza e violenza mi fò, mentre cerco di distrarre la mente da Dio [...], perché questo già per l'uso mi è quasi diventato connaturale, e vi trovo quiete e riposo e non pena». Non è facile da capire, ma Dio era talmente presente a Luigi che egli giunse a pregare così: «Allontanati da me Signore».

Laetantes imus

Fede? Sì anche, ma innanzi tutto carità, poiché San Luigi fu ed è ricordato come il «santo della carità». Giunto all'età di ventitre anni un'epidemia di tifo si abbattè sull'Italia, specialmente sulla Lombardia, sulla Toscana, sull'Umbria e sulla Romagna. Nella sola città di Roma, nota Maineri, persero la vita «sessantamila persone in breve tempo», inclusi i papi (Sisto V, Urbano VII e Gregorio XIV). Anche i Gesuiti si spesero a favore dei malati. Luigi, assieme ai fratelli del suo Ordine, prese ad occuparsi della raccolta delle elemosine, e dell'assistenza ai moribondi. L'Ordine non era particolarmente contento dello zelo con cui il giovane s'impegnava: in fondo avevano per lui grandi progetti. Ne

avrebbe fatta di strada il Gonzaga, forse anche fino al comando dell'intera Compagnia. Bisognava stare attenti che non si esponesse troppo al contagio.
Dio, però, aveva altri disegni: nel soccorrere un malato restò lui stesso contagiato. Il tifo lo portò alla tomba in tre mesi. Visse la malattia in modo eroico. Mai un lamento, fino all'ultimo respiro, quando al padre infermiere che gli aveva domandato «E bene, fratel Luigi, che si fa?» egli rispose: «Laetantes imus, laetantes imus» – «me ne vado allegramente dalla Terra al Cielo». Non morì però prima di ricevere l'ennesimo attestato di stima. Il Pontefice in persona (Gregorio XIV) gli fece pervenire la Benedizione e l'Indulgenza plenaria. L'umiltà, di nuovo, non fu scalfita da tale ultima tentazione: Luigi «corse con le mani a ricoprirsi il volto», tanta la vergogna che provava.

La strada della docilità

Pio XI, nella lettera apostolica "Singulare illud" del 1926, fa un ritratto efficace del Gonzaga, proclamandolo Patrono della gioventù cattolica. San Luigi – scrive il papa – comprese l'importanza dell'«innocenza dei costumi» e della «castità», che sono «l'ornamento più bello della gioventù». Non solo, ma i giovani saranno veri imitatori del Gonzaga (e perciò di Cristo) quando eviteranno «di lasciarsi traviare da un'intemperante brama di libertà, dall'orgoglio della mente e dall'indipendenza della volontà», retaggio di «una certa scienza che disprezza la dottrina di Cristo e della Chiesa».
La via del giovane sarà dunque la docilità, se davvero intende non fallire la propria vita. San Luigi ne è l'esempio vivente: «Coloro che vogliono militare sotto le insegne di Cristo – osserva Pio XI – debbono avere la certezza che, volendo scuotere da sé il giogo della disciplina, in luogo di raccogliere trionfi, non faranno che riportare sconfitte ignobili». La natura stessa, difatti, «richiede, per divina disposizione, che i giovani non possano realizzare alcun vero profitto, sia nella vita intellettuale e morale, sia nell'informare la propria condotta allo spirito cristiano, se non sotto l'altrui magistero».

PREDICAZIONE DI PADRE JUAN DE BONO SU BEATA ELISABETTA DELLA TRINITÀ

Non è semplice interpretare e praticare quanto scrive l'Apostolo san Paolo nelle sue Lettere. Se ne accorse da subito san Pietro, ad esempio, che riscontrò in esse «alcune cose difficili da comprendere» e si lamentò di come «gli ignoranti e gli instabili» le travisassero, «al pari delle altre Scritture, per loro propria rovina» (2Pt 3, 16). Ci sono due modi, essenzialmente, per assimilare quanto insegna l'Apostolo delle genti: o affidarsi alla guida sicura del Magistero della Chiesa, o meditare sulla vita e sulla predicazione dei santi, che in san Paolo non hanno mai incontrato un ostacolo, ma piuttosto un modello per l'edificazione personale e per la *sequela Christi*.
Una delle interpreti paoline più credibili fu la beata carmelitana francese Élisabeth de la Trinité - suor Elisabetta della Trinità (1880-1906) - che nel suo epistolario citò diffusamente l'Apostolo. Ma lo citò perché lo comprese in profondità e riuscì ad incarnarne eroicamente la dottrina. La suora - al secolo Élisabeth Catez - sottomise se stessa alla volontà divina e, nell'accettazione decisa delle umiliazioni e delle sofferenze quotidiane, pervenne in breve alla condizione di olocausto vivente. Finché si spense, a soli ventisei anni, vittima del morbo di Addison (a quel tempo incurabile) che le aveva compromesso gravemente le funzioni metaboliche. Si tratta in genere di una morte orribile, poiché il malato, in assenza di cure adeguate e di cibo, muore di fame. Elisabetta fu beatificata il 25 novembre 1984 dal pontefice Giovanni Paolo II.

Eroicità dei sacrifici quotidiani

Il sacerdote carmelitano Juan De Bono, giunto in Italia da Malta, la scorsa estate ha diffusamente parlato della beata Elisabetta della Trinità, durante gli esercizi spirituali che l'Ordine dei carmelitani scalzi tiene annualmente presso la Casa incontri diocesana a Roverè (Verona). Padre De Bono è autore, tra l'altro, di un libro dedicato alla beata. Si tratta di una rielaborazione della sua tesi di laurea, a conclusione degli studi teologici. Durante gli studi, il padre venne a conoscenza della vicenda umana e degli scritti di suor Elisabetta. Ne restò affascinato al punto da dedicarle buona parte del proprio tempo, recandosi anche in Francia per reperire le fonti necessarie alla stesura della tesi.
La beata - è questa la sua peculiarità - realizzò in modo eccellente la "piccola Via", proposta dalla più celebre coetanea santa Teresa di Lisieux (1873-1897), che consiste nell'accettazione eroica dei sacrifici quotidiani, per piccoli e banali possano apparire. Ma non sono per nulla banali dinnanzi a Dio, poiché per essi si giunge alla salvezza allo stesso modo in cui vi giunsero i martiri, passati in modo cruento e repentino da questo mondo alla gloria celeste. Piccoli e grandi sacrifici, immagine del supremo sacrificio del Crocifisso, richiedono in realtà una medesima virtù eroica che, in genere, è concessa dalla grazia solo ai penitenti. Questi, perseverando nella preghiera e nei sacramenti, pervengono presto o tardi alla perfezione, perché corrispondono ai doni dello Spirito Santo mediante una libera scelta della propria volontà e ottengono così dalla grazia un rafforzamento di ogni virtù, posta dalla Provvidenza nell'uomo come capacità di realizzare il volere del Padre.
Invano si cercherebbe qualcosa di sbalorditivo o miracoloso nella vicenda della beata carmelitana, perché realizzò la "piccola Via" nel nascondimento e nella sottomissione al

volere divino. Così come Maria Santissima, Madre di Dio, si può ben dire che ella custodì tutte le proprie esperienze «meditandole nel suo cuore» (Lc 2, 19).

Conversione della mente e del cuore

Eppure, fino all'età di sette anni, la piccola Sabette - così era chiamata Élisabeth dai familiari - non sembrava promettere nulla di particolare: padre De Bono riferisce di un carattere collerico, capriccioso, anche se riconducibile alla sua «forte sensibilità». La sorella Guite (diminutivo familiare di Marguerite) ammise, nei propri ricordi, che «Elisabetta è stata molto ardente e sensibile». E aggiunse: «lei ha avuto una natura da combattere; molto vivace, delle vere collere. Molto diabolica». Anche il Vicario parrocchiale della città francese di residenza dei Catez (Digione) affermò che Sabette, con il suo carattere, non sarebbe che potuta divenire «un angelo o un demonio».
Optò decisamente per il paradiso dopo la morte del padre, Joseph Catez, che gli spirò tra le braccia. Un infarto improvviso troncò l'affetto paterno e recise pure in lei la convinzione infantile che la realtà possa essere manipolata a piacimento dai nostri capricci. La forte volontà della bimba, per nulla fiaccata dall'episodio, mutò però bruscamente orientamento: con «determinata determinazione» - virtù, ad esempio, di santa Teresa d'Avila riformatrice del Carmelo, come pure di altri grandi santi - dirottò il proprio affetto su Gesù Cristo che, da allora, considerò come il suo «amato Sposo e Signore».

Musicista di Dio e seguace paolina

Durante l'adolescenza Elisabetta avrebbe volentieri abbandonato il mondo per entrare in clausura al convento carmelitano di Digione. Ma la madre, Marie Rolland, aveva per lei ben altri progetti: il matrimonio - senz'altro - e un avvenire da musicista. Per questo la giovane fu iscritta al Conservatorio cittadino e rivelò ben presto doti musicali non comuni. Non solo, ma tramite la disciplina del solfeggio e la comprensione profonda degli Autori, ella riuscì a «trasformare poi il contenuto» degli spartiti «in prassi di vita». «Lei è morta da musicista» - precisa Padre De Bono - «nel senso che trasformò se stessa in musica e quello che suonava era Dio». La sensibilità musicale pervase l'intera vita della beata carmelitana, tanto nelle vicende quotidiane, quanto in ciò che lasciò per iscritto: «un po' come si dice di Vivaldi» - riflette in un suo libro mons. Mariano Magrassi, altro grande studioso della beata - Elisabetta «ha scritto la stessa musica, sempre con note diverse».
E a proposito degli scritti (epistole, in gran parte), Padre De Bono ce li presenta infarciti di citazioni bibliche, delle quali poco meno della metà riportano passi delle Lettere di san Paolo. Suor Élisabeth scrive ed incarna l'insegnamento paolino nelle tematiche più importanti. L'ispirazione maggiore - a parere di Juan De Bono - giunse a suor Elisabetta dal passo paolino di Ef 1, 11-12: «In lui [in Cristo, *ndr*] siamo stati fatti anche eredi [...] perché noi fossimo a lode della sua gloria [...]». A lode della sua gloria, *in laudem gloriæ ipsius*. Ebbene, questa vocazione - la vocazione di essere la lode della gloria di Gesù Cristo - «coincide perfettamente con l'aspirazione più profonda» dell'ideale della beata, dice padre De Bono. Tanto che Elisabetta, a partire dai due anni prima della morte, firmerà spesso lettere e poesie proprio con lo pseudonimo "*laudem gloriæ*". Non si tratta

di parole retoriche, poiché ella «non scrive dei veri trattati spirituali, ma racconta esperienze di vita».

"I miei Tre"

Nel 1901, al compimento del ventunesimo anno di età, Elisabetta finalmente riesce ad ottenere dalla mamma il consenso di poter accedere al Carmelo di Digione. La superiora del convento, madre Germana di Gesù, le fu di grande aiuto per l'itinerario spirituale, sia durante il noviziato che nell'ultimo triennio da suora effettiva. Elisabetta riesce anche a diventare confidente di suor Anna Maria del Bambino Gesù, «considerata dalle consorelle come una psicopatica e un'amante della vita comoda». Proprio dal forte legame con madre Germana e suor Anna Maria, Elisabetta seppe sviluppare una «concezione trinitaria dei rapporti» con le persone. Citando un testo del teologo Antonio Maria Sicari, padre De Bono conferma la convinzione di suor Élisabeth, secondo cui «la vera lode di gloria della Trinità viene cantata sulla terra quando tra persone coinvolte nello stesso desiderio, si realizzano legami di tipo trinitario» e, dunque, tra le tre carmelitane «si è riprodotto sulla terra» il «mistero dei Tre». E così anche nella preghiera, la beata Elisabetta si rivolgeva a Dio chiamandolo «i miei Tre», alludendo appunto al mistero della Trinità. Per tutto il tempo che rimase al Carmelo - quindi fino alla morte - la beata offrì ogni sua sofferenza o mortificazione come olocausto a Dio, immolandosi assieme a Gesù Crocifisso. Confessò quindi e seppe realizzare l'esperienza di san Paolo: «Sono stato crocifisso con Cristo e non sono più io che vivo, ma Cristo vive in me» (Gal 2, 20). Nell'agonia volle offrirsi al Padre come un'ostia - conclude don Juan - e pervenne al mistero della «predestinazione»: non per la salvezza o per la dannazione, ma per «essere conforme al Figlio» (Rm 8, 29). L'ultimo scritto suor Elisabetta lo redasse per l'amata priora, madre Germana. Le disse, tra l'altro: «[...] la piccola 'lode di gloria' non canterà più sulla terra [...] Il Signore la ama enormemente. Non le dice come a Pietro "Mi ami più di costoro?" (Gv 21, 15) Madre ascolti quello che le dice: "Lasciati amare"! "Lasciati amare più di costoro": questa è la sua vocazione».

Per approfondire:

ELISABETTA DELLA TRINITÀ, *Scritti*, OCD 2006
DE BONO JUAN, *Elisabetta della Trinità*, LEV 2002

SAN ROBERTO BELLARMINO, GALILEI E LA SOSTANZA

San Roberto Bellarmino è un po' il simbolo di ciò che possa fare l'apologetica, cioè la difesa argomentata della fede cattolica, durante uno dei tanti periodi critici della Chiesa. Periodo di crisi, il Rinascimento, ma tutt'altro che buio. In quei quasi ottant'anni – che corrispondono alla vita del Bellarmino – e che vanno dal 1542 al 1621 accaddero diverse cose notevoli, che avrebbero rappresentato l'inizio di quell'ampia rivoluzione altrimenti indicata con il termine di modernità. Tra il XVI e il XVII secolo morì Lutero, morì Calvino e Galilei riuscì a dimostrare qualcosa d'importante, che avrebbe potuto essere un guado tra passato e futuro, ma che invece si tramutò in rottura.
Molti gli attori su questo strano palcoscenico, in cui molto fu frainteso, spesso al di là delle intenzioni: da una parte gli scismatici, che confusero riforma e sovversione; dall'altra i pastori e i santi della Chiesa, che tentarono di arginare i danni causati dall'eresia e dallo scandalo protestante; in mezzo i nuovi filosofi e gli scienziati, che non seppero umanamente portare il peso di enormi intuizioni. A lato – troppo a lato – umanisti e chiusi aristotelici, i quali non trovarono né il modo, né la freschezza di far fruttare il patrimonio di pensiero che avevano ereditato da greci e romani.

Il gesuita militante

Benedetto XVI, nell'Udienza del 23 febbraio 2011, ci parla della vocazione peculiare del Bellarmino, non solo orientata allo studio e all'insegnamento della teologia, ma nettamente disposta alla sua difesa, almeno da quando gli fu affidata la cattedra romana di "Apologetica" nel decennio 1576-1586. A questo proposito dice Joseph Ratzinger: «Si era concluso da poco il Concilio di Trento e per la Chiesa Cattolica era necessario rinsaldare e confermare la propria identità anche rispetto alla Riforma protestante. L'azione del Bellarmino s'inserì in questo contesto». Da quest'esperienza il teologo trasse le sue *Controversiae*, che ebbero innumerevoli edizioni e segnarono l'apogeo della sua speculazione sistematica sulla dottrina della fede.
Alla competenza teologica non poterono non seguire importanti cariche e, perciò, «il Papa Clemente VIII lo nominò teologo pontificio, consultore del Sant'Uffizio e rettore del Collegio dei Penitenzieri della Basilica di san Pietro». È importante osservare che Bellarmino non si limitò ad esporre la verità, ma l'abbracciò e l'applicò nella propria vita. Questo fece di lui un santo e un precettore di altri santi, come quel San Luigi Gonzaga che incontrò e diresse al Collegio Romano.
Molti altri incarichi impegnarono il teologo sino alla fine dei suoi giorni: fu cardinale, predicatore, visitatore apostolico, inquisitore, diplomatico. Ma forse, innanzi tutto, fu visceralmente gesuita, sullo stile di Sant'Ignazio di Loyola, da quando diciottenne entrò nella Compagnia di Gesù. E lo stile ignaziano è, prima di ogni considerazione, impregnato di zelo militante e di amore fervoroso per il vero. La militanza per la verità, tra l'altro, lo portò a comporre il *De ascensione mentis in Deum* (*Elevazione della mente a Dio*), guarda caso «composto sullo schema dell'*Itinerarium mentis in Deum* di San Bonaventura», che parte dalle creature e giunge a Dio (alla verità) *a posteriori*. Anche San Tommaso, pure mediante la proposta delle cinque vie per giungere a Dio, aveva compreso l'importanza decisiva della speculazione *a posteriori*. S'intravvede qui la preclusione, secoli prima, della

dottrina di Kant, convinto che l'unico percorso scientifico alla verità potesse avvenire solo *a priori*.
Canonizzato nel 1930 da Pio XI, Bellarmino fu, dallo stesso, proclamato Dottore della Chiesa nel 1931.

Galileo, suo malgrado, "tentò l'essenza"

Non c'è miglior modo di celebrare un autore se non di liberare il suo pensiero e di provare a metterlo a frutto, se non altro per evitare di fossilizzarne le dottrine. Le sentenze di un grande autore non servono per essere ripetute a pappagallo o imbalsamate, così come avvenne spesso nella vicenda storica del neo-aristotelismo rinascimentale o del neo-tomismo novecentesco. Il grande autore è un punto di partenza, non un punto d'approdo. Quanto a Bellarmino, gli toccò in sorte l'incontro-scontro con il genio di Galileo Galilei e vale ora la pena di approfondire un aspetto, relativo alla vicenda, finora ritenuto secondario.
È sorprendente – se non del tutto illogico – che la polemica tra Galileo e l'autorità religiosa del suo tempo si sia cristallizzata sul tema, tutto sommato secondario, della teoria eliocentrica copernicana condivisa dallo scienziato pisano. Il caso coinvolse un Galileo già anziano e condannato quando Bellarmino era già morto. Il contendere, semmai, avrebbe dovuto innescarsi molto prima e su tutt'altra materia: da quando, precisamente, un Galileo giovane ebbe *a priori* l'intuizione tremenda ed epocale attorno alla sostanza delle cose. Galileo dimostrò *a posteriori* questa sua intuizione – mediante l'esperimento e al modo che sarebbe piaciuto a Tommaso, Bonaventura e Bellarmino – secondo cui la quantità, il numero, l'ordine o la misura non sono accidenti, ma sono parte inseparabile della sostanza, dell'essenza delle cose. Dopo un millennio e mezzo, cioè, Aristotele veniva corretto da uno scienziato pisano, che spostava la quantità dall'elenco degli accidenti e la inseriva direttamente nell'essenza.
È sorprendente che nessuno ebbe una percezione chiara di ciò. Non Bellarmino, non gli aristotelici e nemmeno lo stesso Galileo, che ritenne un'«impresa impossibile» il «tentar l'essenza», ovvero speculare sul mondo al modo degli aristotelici, i quali si accontentavano di alcuni giudizi letti sui libri, invece di accedere alla realtà mediante l'esperimento sui fenomeni. Paradossalmente, quindi, Galileo fu anti-essenzialista e convinto fenomenologo, dopo essersi pronunciato genialmente, consapevole o meno, proprio sull'essenza.

L'Eucaristia sembra sconfessare la scienza

Cosa c'entra Bellarmino e la teologia in tutto questo? In che misura il gesuita e Galileo furono al servizio della verità? Ci fu qualcuno, in effetti, a cui non sfuggì la singolare relazione che Galileo poneva tra sostanza e accidenti. Si tratta del gesuita, matematico e architetto Orazio Grassi che, in un suo resoconto, scrive: Galileo «erra dicendo che non è possibile separare concettualmente dalle sostanze corporee gli accidenti che le modificano, come la quantità». Secondo il Grassi, «la quantità non soltanto si distingue realmente dalla sua sostanza, ma esiste anche separata da esse». Prova ne sarebbe l'Eucaristia: durante la transustanziazione l'intera sostanza del pane è sostituita dalla

sostanza divina, ma restano gli accidenti del pane e del vino, che comprendono appunto il peso e la misura.
Grassi trae l'autorità di questi suoi giudizi direttamente dai canoni del Concilio di Trento e dalla dottrina di Roberto Bellarmino. Nel *De sacramento Eucharistiae*, Bellarmino conferma la transustanziazione. E spiega che quando Gesù dice «questo è il mio corpo», l'aggettivo dimostrativo «questo» designa proprio la sostanza. Il Dottore, però, specifiche che le specie eucaristiche che permangono – il bianco e tondo dell'ostia consacrata – non fanno parte della sostanza, ma «designano la quantità» che rimane. Sembrerebbe dunque che in nessun modo la quantità possa far parte della sostanza, nonostante Galileo e nonostante la chimica dei secoli successivi, che dimostra in modo efficacissimo l'intima struttura matematica delle cose. Come dunque risolvere la questione?

La sostanza è unione di quattro ragioni

La via d'uscita la offre lo stesso Bellarmino, nel già menzionato *De ascensione mentis in Deum*. È Aristotele stesso a dire che ogni effetto è il risultato di quattro cause. Tutto ciò che veramente importa – afferma Bellarmino all'inizio dell'opera – è non cercare nulla se non «quattro comuni cagioni: chi sia l'Autore di me; di che materia m'habbia fatto; qual forma dato; et a qual fine creato». Se dunque ogni ente creato è l'effetto di una quadruplice causa creatrice, la sostanza non può non dipendere dalla materia (causa materiale), dalla forma (causa formale), dal creatore (causa efficiente) e dal perché quell'ente è fatto così (causa finale). Galileo ha ragione quando sostiene l'importanza del linguaggio matematico con il quale è stato scritto il cosmo, ma ha torto quando ritiene che tale linguaggio esaurisca la spiegazione del reale.
Allo stesso modo, Bellarmino con ragione difende la verità sull'Eucaristia e dice che le specie eucaristiche – geometriche e pesanti – non sono che accidenti. Non tiene conto però che sono accidenti perché è crollata la sostanza del pane, che è unione di numero, forma, potenza e significato. Sono allora quattro le ragioni della sostanza, che sottendono alla quadruplice domanda di Bellarmino: Quanto? Come? Chi? Perché? Se così non fosse l'uomo, che conosce primariamente per mezzo dei sensi, non avrebbe un accesso reale e diretto all'ente e alla sua sostanza, ma si arresterebbe alla conoscenza del fenomeno (materia e forma), ossia del fantasma delle cose. È, invece, più prossimo al tomismo il ritenere che l'uomo abbia accesso diretto alla verità della sostanza, in modo sensibile attraverso il fenomeno e in modo intelligibile attraverso la potenza e il significato, irraggiungibili dal senso, ma superiori al numero quanto l'anima è superiore al corpo.

San Pasquale Baylón

Tra i vari santi francescani dal carisma molto simile a quello del Poverello d'Assisi – San'Antonio da Padova, San Leopoldo Mandić o San Pio da Pietrelcina – non può non risaltare la figura di San Pasquale Baylón (1540-1592), vissuto in Spagna durante il periodo del Rinascimento e della Riforma protestante. Nato da una famiglia di pastori, Pascual Baylón Jubera si limitò a trascorrere la giovinezza badando al gregge di famiglia, trasformando però questo suo lavoro in un'occasione di continua preghiera e meditazione, nel silenzio delle vallate. Solo a diciott'anni chiese e ottenne l'ammissione al noviziato presso l'Ordine dei Frati Minori Alcantarini, nel convento di Valenza, dopo un'esperienza mistica legata all'Eucaristia. Il tipo di preghiera preferita dal giovane pastore, infatti, era quella dell'adorazione davanti al tabernacolo. Dovendo tuttavia badare al gregge, non aveva molte occasioni di accostarsi a Gesù Sacramento. E avvenne così che un giorno, mentre pascolava, fu ricolmato da un'ondata di amore celeste e vide in mezzo al cielo un ostensorio, davanti al quale egli si prostrò, nello splendore della natura, fattasi muta di colpo. Per questo motivo San Pasquale è conosciuto anche come il «serafino dell'Eucaristia».

Vuole somigliare a Gesù, obbediente al Padre

È quasi la regola, in un santo, trovare tesori di grandi virtù, ma non tutti – anzi molto pochi – sono riusciti a realizzare l'obbedienza perfetta «*perinde ac cadaver*» (allo stesso modo di un cadavere, che rimane dove lo si mette). San Filippo Neri, ad esempio, diceva che per acquistare il dono dell'umiltà sono necessari quattro atteggiamenti: «disprezzare il mondo, non disprezzare alcuno, disprezzare se stesso e non far conto d'essere disprezzato». Quanto ai primi tre – soggiungeva Neri – qualcosa riesco a fare, eppure «rispetto all'ultimo non sono arrivato; e a questo vorrei arrivare». C'è invece arrivato, fin da subito, San Pasquale: non c'è mortificazione che gli sia stata risparmiata, tra ingiurie pubbliche, maltrattamenti, derisioni e diffamazioni; tanto da parte dei secolari, quanto dai propri fratelli.

Molte informazioni, nel merito, giungono dall'opera del confratello Cristoforo d'Arta titolata "Vita, virtù e miracoli del beato Pasquale Baylón" (Roma, 1672). Narra d'Arta che frate Pascual, avendo esortato un infermo alla confessione, vistolo in pericolo di vita, sia stato preso a male parole dai parenti, secondo i quali l'infermo non era poi così grave: lo trattarono malissimo «dicendogli che era un idiota e non s'intendeva di medicina». La risposta del santo fu del tutto serena e pacifica. Rivolto alla moglie le disse: «Perdonatemi sorella, non ho richiamato vostro marito al pentimento acciocché vi sdegnaste, ma solo per preparare l'infermo, perché bisogna prima provvedere alla salute dell'anima e poi a quella del corpo». L'uomo dette ascolto a frate Pascual, si confessò e a breve morì nella pace. L'atteggiamento di Baylón non mutò nel tempo e nelle circostanze: dopo un grande sorriso, lieto di essere stato insultato come Gesù, rispondeva sempre con mansuetudine e con ricchezza di argomenti.

In un'altra occasione, il Guardiano del convento nel quale risiedeva, gli ordinò di confessare un certo peccato dinnanzi agli altri frati e «diedegli una riprensione sì grande e con parole tanto sconce, che arrivò a dirgli che era un ipocrita e finta la sua virtù, ostentata al solo fine d'ingannare tutti». Non solo frate Pascual corse subito a baciare i piedi del Guardiano, ma allo stupore di un confratello colpito da un'umiltà così spontanea, egli dichiarò con allegrezza: «Non solo non è stato di disgusto per me quello che il nostro fratello Guardiano mi ha detto, ma mi ha cagionato tal giubilo, che piacesse a Dio mi facessero ogni giorno tali grazie». Ben presto molti si accorsero di quanta importanza Baylón desse all'obbedienza, di quanto fosse docile e con quanta facilità riuscisse a non tenere conto di essere disprezzato.

Sapienza infusa

Così dunque San Pasquale stimò se stesso «*ignorans et idiota*», allo stesso modo di San Francesco che, nell'Epistola seconda, confessava di non sapere nulla e di essere poco intelligente. Ma è proprio su questa strada dell'umiltà che spesso si dischiudono le porte della sapienza, come è scritto nel Vangelo: «Ti benedico, o Padre, Signore del cielo e della terra, perché hai tenuto nascoste queste cose ai sapienti e agli intelligenti e le hai rivelate ai piccoli» (Mt 11, 25). La provvidenza dispose per il frate una vita piuttosto attiva e lo si vide portinaio, giardiniere, cuoco e questuante. Proprio durante le sue frequenti camminate per le vie cittadine ala ricerca di qualche elemosina per il convento, aveva modo di colloquiare con la gente, prodigandosi in consigli, esortazioni e benedizioni, che erano molto simili ad una qualche forma di predicazione.
Ben presto il popolo si accorse che in frate Pascual ardeva un certo lume soprannaturale e le sue parole – afferma d'Arta – «erano sì alte, misteriose e sottili» da essere in grado di sciogliere «le questioni che gli si proponevano, ancorché in termini scolastici, e risolvendo le difficoltà con tale verità e chiarezza, da sembrare un consumato teologo». È quindi opportuno parlare, in questo caso, di vera sapienza e scienza infusa, nonostante il frate fosse quasi del tutto illetterato. Baylón parlava, quindi, dei divini misteri con padronanza di termini, essendo pure in grado di disputare con i protestanti, messi in difficoltà dalla sua enorme erudizione. Leone XIII, in una sua Lettera del 1897, fu più esplicito: Baylón «pervenne ad una cognizione così profonda delle verità soprannaturali che, quantunque sprovvisto di lettere, fu capace di dare responsi sui dogmi più difficili e perfino di scrivere libri ripieni di pietà. Professò apertamente in faccia agli eretici la verità Eucaristica, per il che ebbe a patire molte e gravi persecuzioni ed, emulo del martire Tarcisio, fu minacciato più volte di morte».

Madonna povertà

E alle parole seguivano sempre i fatti, nel senso che il santo ebbe il dono della taumaturgia. Mediante l'imposizione delle mani o con il semplice gesto del segno della croce, frate Pascual guariva le infermità delle persone che si rivolgevano a lui. Come insegna la vicenda del Cristo, i doni vengono elargiti dallo Spirito Santo come segni della presenza di Dio, che opera e guarisce. Il miracolo dovrebbe però essere solo un mezzo, per sostenere la fede e muovere il cuore umano a conversione. Così, anche in Baylón, il miracolo era un pretesto per attirare quante più anime possibile alla penitenza. Eppure il francescano spagnolo sapeva bene che forse, più del prodigio, è l'esempio che convince i dubbiosi. Per questo egli non trascurò mai la conversione di se medesimo, attraverso digiuni, preghiere e umiliazioni – attraverso l'accettazione paziente del dolore, delle

privazioni – in modo che potesse essere di giovamento più la sua condotta delle sue parole.
San Pasquale amò la povertà in modo simile al Poverello d'Assisi. Lo si vedeva sempre con lo stesso saio, coperto di molti rammendi. Ma questo atteggiamento è, tutto sommato, esteriore. La grandezza e la nobiltà della povertà sta, in modo speciale, nello spirito. Baylón amava dire che «il religioso veramente povero di spirito non solo doveva sopportare con gusto le necessità temporali, ma spogliare anche il suo affetto dall'appetito della devozione, tenerezza e consolazione sensibile, volendo solo il volere di Dio, dandosi tutto in mano a Lui, espropriandosi di se stesso». Se veramente sono questi i sentimenti del religioso, allora il portare il saio logoro e rammendato non è più una mera esibizione, ma è la rappresentazione esteriore e credibile di quanto è custodito nell'intimità del cuore.

La preghiera

In San Pasquale la fede è certezza. Si legge dai suoi "Scritti": «Poiché Dio desidera ardentemente donarci cose buone, abbi la certezza che egli ti darà tutto quello che tu chiedi». Ma la fede va sostenuta con la preghiera e, in questo senso, Baylón è maggiormente preoccupato ad insegnare come si prega. Non chiedere comunque nulla – avverte – «prima che Dio non ti abbia mosso a chiedere, in quanto egli è più disposto ad esaudire la tua richiesta che tu a chiedere». In altre parole, «a chiedere ti spinga più la volontà di Dio che vuole donarti, anziché la necessità di chiedere». L'attenzione non è dunque da orientare verso l'oggetto della richiesta, bensì verso i «meriti di nostro Signore Gesù Cristo». È ben più opportuno chiedere «che Dio sia cercato sopra ogni altra cosa», piuttosto che domandare questo o quello.
Ed è proprio la domanda che il cinquantaduenne frate Pascual fece in punto di morte: «Hanno già suonato le campane per la Messa conventuale»? E nel sentire la campanella che il diacono suona durante l'elevazione del Santissimo, Pascual Baylón rese lo spirito a Dio, mentre gli occhi si chiudevano al buio e il suo volto raggiante contemplava per la prima volta la vera luce.

Beato Marco d'Aviano

Addì 8 settembre 1676 un quarantacinquenne frate cappuccino varcava il portone del monastero benedettino di San Prosdocimo, presso Padova. Munito dell'apposita patente di predicazione, ottenuta per una sua peculiare capacità oratoria, era stato inviato a tenere il consueto Panegirico dell'Assunta, nella chiesa attigua al monastero. Non tutte le monache, però, assistettero alla funzione: una di esse - Vincenza Francesconi - benché desiderosa di ascoltare il padre, si trovava allettata a causa di un male che la tormentava da tredici anni.

Avvertito del problema, il cappuccino fece proposito di benedirla, eventualmente nel corso di una sua visita successiva. Venti giorni dopo eccolo di nuovo a San Prosdocimo, per un discorso sulla natività di Maria. Questa volta era presente anche Vincenza, sostenuta dalle consorelle. Al termine della preghiera comunitaria il frate cercò di confortare l'inferma e le disse di confidare in Dio. Infine la benedisse, come di solito si fa con i malati. L'attimo dopo tutta l'attenzione dei presenti fu sulla monaca, che cominciò a gridare: «Sono guarita»! Beh - disse il frate, più stupito delle benedettine - «se è così come dite, andate su e giù per quelle scale»! E così avvenne: la Francesconi percorse la rampa di corsa, nel tripudio generale delle presenti.

Guerriero e taumaturgo

Non fu un avvenimento isolato. Da quel giorno questo tal frate - al secolo Carlo Domenico Cristofori (1631-1699) - acquistò dal Cielo il dono particolare della taumaturgia e con la semplice benedizione era in grado di ridare la vista ai ciechi o di far camminare gli storpi. E ciò fu sufficiente ad accrescerne la fama poiché, come nel caso di Gesù Cristo, le folle sono portate a badare a qualcuno specialmente nel caso ne ricevano un beneficio personale. Il Cristofori dovette così accettare, suo malgrado e con grande mortificazione, il potente carisma divino. Se ne fece una ragione, perché sapeva bene che Dio elargisce i sui doni e manifesta la sua volontà a chi vuole, quando vuole e come vuole, senza dover per questo preavvisare o rendere conto all'uomo di alcunché.

Nato a Villotta, presso la città friulana di Aviano, Carlo Domenico Cristofori risentì fortemente del «clima epico determinato dalla guerra di Candia [Creta], combattuta in quegli anni tra la Repubblica di Venezia e l'Impero Ottomano» (dalla scheda sul beato, sito del Vaticano). Abbandonò quindi il collegio dei Gesuiti di Gorizia dove, adolescente, frequentava gli studi primari e si diresse verso Capodistria, «disposto a dare anche il suo sangue per la difesa della fede», contro i turchi (*ibid.*). Durante la breve permanenza presso un convento francescano ebbe modo, però, di maturare la propria vocazione, orientando il suo desiderio di martirio verso la vita religiosa e l'apostolato. Fu così che nel 1648 entrò come novizio a Conegliano per poi, l'anno seguente, emettere i voti religiosi, con il nome autoimpostosi di Marco d'Aviano. Solo dopo il regolare corso settennale di studi filosofici e teologici, fu ordinato sacerdote a Chioggia, nel 1655.

L'attività di padre Marco era fondata sulla semplicità, sul nascondimento, sulla costanza e sullo zelo: predicava un po' dovunque, soprattutto durante l'Avvento e la Quaresima e, in modo speciale, nei conventi e nei monasteri. Era bravo e scrupoloso, ma nulla faceva presagire che, prima del miracolo di San Prosdocimo e dei successivi, la sua vita da ritirata divenisse pubblica e che fosse tra i protagonisti di una vicenda notevole per l'Europa e per il futuro stesso del cristianesimo in Occidente.

Vienna sotto l'assedio turco

Fermare l'avanzata verso nord degli ottomani, nell'Europa del secolo XVII, sembrava un'impresa del tutto irrealizzabile. O, almeno, non c'era alcuna sicurezza che in futuro l'Occidente avrebbe potuto reggere stabilmente l'offensiva. L'Europa usciva indebolita dalla guerra dei Trent'anni, che aveva opposto cattolici e protestanti. Dopo la pace di Westfalia (1648) il continente europeo era un mosaico costituito da centinaia di stati, staterelli e regni, per nulla omogenei. Senza contare l'indebolimento causato da carestie e pestilenze varie. Gli avvenimenti precipitarono durante l'estate del 1683: il gran visir Kara Mustafa Pasha radunò un esercito di centocinquantamila uomini alle porte di Vienna, cingendola d'assedio. Già tutta la Grecia, i Balcani, la Moldavia e la Transilvania erano in mano ai turchi, contrastati però dalla Casa d'Austria negli anni precedenti.
Solo un sodalizio provvidenziale, tra i diversi poteri della cristianità, avrebbe potuto salvare l'Europa dalla catastrofe: serviva un qualche uomo di genio, di sintesi, che sapesse vedere oltre gli interessi di parte. E la Provvidenza, anche in questo caso, diresse gli eventi in modo prodigioso. Non una, ma più personalità s'imposero sulla scena. Il pontefice Innocenzo XI, in particolare, ebbe il ruolo decisivo: s'impegnò in una martellante azione diplomatica per formare una coalizione tra Leopoldo I d'Asburgo, imperatore del Sacro Romano Impero, Carlo V, duca di Lorena, Giovanni III (Jan Sobieski), re di Polonia ed Eugenio di Savoia, generale sabaudo. Tutti cristiani, tutti uomini di forte idealità e - forse fu questo l'elemento decisivo - tutti venuti in contatto con Marco d'Aviano.

Disfatta dei turchi

A seguito della sua crescente fama di santità, il frate era stato inviato dal papa a compiere dei lunghi viaggi missionari per l'Europa, durante i quali aveva anche il permesso di amministrare l'indulgenza plenaria. Missionario apostolico a Vienna, nel 1682, divenne direttore spirituale di Leopoldo I. Le sue prediche erano seguitissime dal popolo, chiare, dirette. Parlava della gravità del peccato, della conversione e tornava spesso sui temi dell'inferno e del purgatorio. Ma tutto questo non destava paura nella gente, quanto piuttosto sincero pentimento. Padre Marco, allora, confessava, assolveva e comunicava le persone, magnificando le lodi della divina Misericordia e della vita in grazia di Dio.
Riuscì dunque a porsi come intermediario tra i «rissosi comandanti degli eserciti cristiani» (Antonio Borrelli), che confluirono nella "Lega santa". Vienna era allo stremo, per via della fame, e non c'era tempo da perdere. Quindi l'armata cristiana giunse a scaglioni nei pressi della città austriaca, in settembre. All'alba di domenica 12 settembre 1683, padre Marco celebrò la S. Messa alla presenza dell'esercito, di Sobieski e di Carlo V. Egli riuscì a legare i capi e le truppe, mediante un'empatia soprannaturale. Dopo aver benedetto anche i principi protestanti, scoppiò la battaglia: Sobieski attaccò immediatamente da sud, mentre Carlo di Lorena scese da nord. Nel frattempo le forze di Baviera e Sassonia sfondavano frontalmente le guarnigioni turche.

Alle ore sette del pomeriggio i giannizzeri di Kara Mustafa Pasha cominciavano a ritirarsi, per poi abbandonare definitivamente la scena di quella che fu, per gli ottomani, un'umiliante sconfitta. Nella fuga abbandonarono vettovaglie in quantità, sacchi di caffè, molti schiavi e donne che si erano portati appresso.

Gli ultimi anni

Ma per Marco d'Aviano le fatiche non erano finite. Innocenzo XI riconobbe il suo ruolo insostituibile e lo inviò in missioni anti turche per ben quattordici volte. Seguirono grandi successi militari: nel 1686 fu liberata Buda e, due anni dopo, Belgrado. Nel maggio del 1699 il padre fu inviato a Vienna, su invito di Leopoldo I, per alcune questioni sulla dichiarazione di pace firmata in gennaio tra l'Europa e l'Impero Ottomano. Fu l'ultimo suo viaggio. Confidò a padre Cosma da Castelfranco, suo compagno di viaggio e biografo: «Mi trovo in pessimo stato di salute… et pure devo in eccesso faticare. Se mi viene un pocho di febre, son perduto. Faci Dio tutto quello è di sua gloria; altro non desidero». Cedette in agosto e cadde malato. Spirò serenamente il 13 agosto 1699, alla presenza dei confratelli cappuccini e di Leopoldo I.
Alla morte del frate seguirono numerosi miracoli e la gente ne esaltava il ricordo e la fama di santità. Il 27 aprile 2003, Giovanni Paolo II lo proclamava beato. Di lui disse: «[…] rifulse per santità il beato Marco d'Aviano, nel cui animo ardeva il desiderio di preghiera, di silenzio e di adorazione del mistero di Dio. […] Profeta disarmato della misericordia divina, fu spinto dalle circostanze ad impegnarsi attivamente per difendere la libertà e l'unità dell'Europa cristiana. Al continente europeo […] il beato Marco d'Aviano ricorda che la sua unità sarà più salda se basata sulle comuni radici cristiane» (Omelia di beatificazione).

QUESTIONI TEOLOGICHE

Il Card. Stickler e il celibato sacerdotale

Tra i molti autori che hanno dimostrato la vocazione teologica alla continenza, da parte dei sacerdoti, emerge per chiarezza un lavoro del Card. Alfons Maria Stickler (1910-2007)[153], redatto quasi trent'anni fa per dimostrare un assunto: non è vero che il celibato sacerdotale e la relativa continenza è una prassi tardiva della Chiesa e non è vero che nella Chiesa primitiva ai sacerdoti era consentito continuare ad usare del matrimonio.

È vero – scrive Stickler – che fino al Rinascimento vi fossero in abbondanza chierici ancora sposati prima di ricevere l'ordine sacro. Ed è anche vero che, con tutta probabilità, gli stessi apostoli fossero sposati – seppure la certezza si abbia per il solo san Pietro. Non è, dunque, messa in discussione la consuetudine, per tutto il primo millennio e oltre, di ordinare al sacerdozio anche uomini sposati, in percentuale non irrisoria. Ma da qua si cade facilmente nell'equivoco, perché l'obbligo al celibato – che «sin dall'inizio veniva giustamente chiamato "continenza"» – compare da subito, nell'insegnamento stesso di Gesù Cristo, il quale si rivolge agli apostoli e dice loro: «In verità io vi dico, non vi è nessuno che abbia abbandonato casa, genitori, fratelli, *moglie*, figli per il regno di Dio, che non riceva molto di più ecc…»[154].
Il Signore qui parla proprio di abbandono della moglie (e di relativa accettazione della continenza), che gli apostoli fossero sposati o meno. Anche nell'ipotesi che lo fossero, va attentamente considerata la domanda di san Pietro, che provoca la risposta di Gesù: «Noi abbiamo lasciato i nostri beni e ti abbiamo seguito»[155]. Gli apostoli, allora, avevano già lasciato tutto, prima di seguire il Maestro, comprese le mogli e il matrimonio, che è certamente un bene[156].

Non si è mai trattato, evidentemente, di un abbandono forzoso, perché la sola possibilità, per un uomo sposato, di accedere all'ordine sacro (a meno di voler commettere qualcosa di fortemente illecito e anticristiano) fu di avere il consenso della moglie, senza ripudiarla. Come, allora, il cardinale giustifica il fatto storico che leggi scritte in favore della continenza ecclesiastica appaiono soltanto nel corso del IV secolo dell'era cristiana e non prima? Perché – osserva – c'è una differenza «tra diritto e legge, *ius* e *lex*»: mentre la legge è sempre scritta, il diritto può ben essere trasmesso anche oralmente. E così avvenne nel caso in questione. Lo provano i testi stessi della legislazione postuma (conciliare, sinodale, pontificia o imperiale), che giustifica obblighi e divieti per mezzo di una tradizione orale di origine apostolica.
Lo prova san Paolo, che esorta a stare saldi nelle tradizioni «imparate sia a viva voce, sia per la nostra lettera»[157]. E lo prova anche la prassi pagana: il diritto romano (*ius*) attese

---

[153] Alfons Maria Stickler, "Il celibato ecclesiastico. La sua storia e i suoi fondamenti teologici", *Ius Ecclesiae*, Vol. V, n. 1, gennaio-giugno 1993, pp. 3-59. Tutte le citazioni sono tratte da quest'opera, dove non diversamente specificato.
[154] Lc 18, 29-30.
[155] Lc 18, 28.
[156] San Paolo: «Chi si sposa fa bene, ecc…», 1Cor 7, 38.
[157] 2Tes 2, 15.

secoli prima di diventare la legge scritta sulle Dodici Tavole (*lex*). Non deve, quindi, stupire se nel mondo antico e pre-medievale anche il diritto tramandato oralmente aveva forza obbligante, al pari della legge scritta. Non va, inoltre, dimenticata la condizione di estrema precarietà persecutoria del cristianesimo nei primi tre secoli della sua esistenza, che impediva la tranquillità necessaria per sviluppare una canonistica giuridica scritta, sia pure in embrione.

Una prima dichiarazione redatta a favore della continenza, citata da Stickler, appare dunque nel IV secolo, al Concilio di Elvira[158]. Il canone 33 è esplicito: «Si è d'accordo sul divieto completo che vale per i vescovi, sacerdoti e diaconi, ossia per tutti i chierici che sono impegnati al servizio dell'altare, che devono astenersi dalle loro mogli e non generare figli; chi ha fatto questo deve essere escluso dallo stato clericale». Si noti che, fin da subito, all'obbligo segue sempre la sanzione comminata al colpevole. Erano ammesse alla convivenza (can. 27) solo sorelle, madri o figlie.
Questa severità era giustificata dal fatto che «molti, se non la maggior parte, dei chierici maggiori della Chiesa spagnola di allora erano *viri probati*», cioè «uomini sposati prima della loro ordinazione a diaconi, sacerdoti, vescovi». Come si può notare, la questione dei *viri probati*, non è una novità odierna, ma è da sempre esistita. La differenza, quanto alla risoluzione che si vorrebbe dare oggi, è che nel IV secolo i chierici spagnoli «erano obbligati [...] ad una completa rinuncia di ogni ulteriore uso del matrimonio», osservando una «completa continenza».
Ma la cosa importante da chiarire è che i padri di Elvira non si sono inventati una norma frutto di un arbitrio. Al contrario si trattò di una «reazione contro una non-osservanza [...] largamente invalsa di un obbligo tradizionale ben noto», in Spagna come in tutto l'orbe cattolico.

Stessa situazione in Africa: molti dei chierici, se non la maggioranza, erano sposati. E identico fu il responso dei padri al Concilio Africano del 390[159], che si espressero per la conservazione della castità. Identica, ancora, la giustificazione del responso: «affinché così anche noi custodiamo ciò che hanno insegnato gli apostoli». A Cartagine era presente anche il legato pontificio Faustino, che espresse la «piena concordanza di Roma sulla questione».
Non si trovano invece pronunciamenti di rilievo negli otto Concili ecumenici del primo millennio, a cominciare da Nicea, poiché le correnti ereticali negavano le verità di fede cristologiche, trinitarie e soteriologiche. Tutto, o quasi tutto, il dibattito verteva perciò su questi temi e sulla difesa della dottrina ortodossa.
Tra i pontefici romani, i più espliciti sulla continenza furono Siricio (IV sec.) e Innocenzo I (V sec.). Nella sua lettera ai vescovi africani – scrive Stickler – Siricio insegna che «i molti sacerdoti e diaconi che anche dopo l'ordinazione generano dei bambini, agiscono contro una legge irrinunciabile che lega i chierici maggiori dall'inizio della Chiesa». Non c'è, dunque, l'imposizione di una propria scelta, ma il consueto riferimento alla «legge irrinunciabile», risalente «all'inizio della Chiesa». In realtà Siricio

---

[158] Nel 306. Elvira è l'antico nome della città spagnola di Granada, sede del concilio.
[159] Con sede a Cartagine. La città ospitò più di venti concili, dogmatici o disciplinari, tra il III e il V secolo.

poneva la propria autorità sulle decisioni di un precedente Sinodo romano[160], in cui venivano interpretate le seguenti parole di San Paolo: «Ma bisogna che il vescovo sia irreprensibile, non sposato che una sola volta, ecc...»[161]. I padri sinodali, uniti al magistero di Siricio, sostennero che l'Apostolo non intendeva dire che il vescovo potesse «continuare a vivere nella concupiscenza di generare figli», ma che un matrimonio dovesse bastare, in vista «della continenza futura».

Papa Innocenzo I si occupò ampiamente della questione. Alla terza, di una serie di domande rivoltegli dall'episcopato della Gallia, Innocenzo I rispose che vescovi, sacerdoti e diaconi «vengono costretti non solo da noi, ma dalle scritture divine alla castità»[162]. Seguono le consuete sanzioni contro gli inadempienti.
Si espresse, nel merito, anche papa Leone Magno, il quale ribadì la legge della continenza e, quanto ai chierici sposati, riferì di una prassi ecclesiastica ortodossa: «Affinché il matrimonio carnale diventasse un matrimonio spirituale è necessario che le spose di prima non già si mandassero via, ma che si avessero come se [i mariti, *ndr*] non le avessero, affinché così rimanesse salvo l'amore coniugale ma cessasse, allo stesso tempo, anche l'uso del matrimonio»[163].
Risulta, quindi, abbastanza chiaro che in tutta la Chiesa d'Occidente (Europa e alcune zone dell'Africa) «l'unità di fede era e rimaneva sempre viva», grazie soprattutto ai sinodi e concili, confermati dai pontefici.

A tutto questo si deve aggiungere, ancora, l'autorità dei quattro maggiori Padri della Chiesa occidentali, tutti concordi sulla continenza dei chierici.
Sant'Ambrogio ammette che l'obbligo della continenza è spesso disatteso, ma conferma l'ortodossia della tradizione e spiega che i sacerdoti del Vecchio Testamento non erano tenuti alla continenza perpetua, perché il loro ministero non era «santo, costante e continuo» quanto quello, invece, dei sacerdoti neotestamentari[164].
San Girolamo, il più erudito circa la tradizione, insegna che anche gli apostoli erano «o vergini, o continenti dopo il matrimonio» e che i «presbiteri, vescovi e diaconi erano eletti tra i vergini, oppure vedovi, o di certo continenti in eterno dopo l'ordinazione sacerdotale»[165].
Meno esplicito Gregorio Magno, che tuttavia impedì con provvedimenti disciplinari la convivenza tra chierici e rispettive consorti. Sant'Agostino non solo partecipò ai concili africani (di Cartagine), ma si espresse più volte a favore della continenza.

Nel Medioevo – continua il cardinale – si cercò di ridurre il numero dei candidati coniugati a favore dei vergini o dei celibi: vi è traccia di disposizioni a riguardo specialmente nell'ambito dell'Europa insulare (Irlanda e Britannia). Fino all'anno Mille, comunque, la Chiesa conobbe un decadimento generale della fede e dei costumi. Si

[160] Concilio di Roma del 386, che scomunicò i vescovi concubinari.
[161] 1Tim 3, 2.
[162] Decretale *Dominus inter*, inizio IV secolo.
[163] *Epistola al vescovo Rustico di Narbonne*, 456.
[164] *Cf.* Ambrogio di Milano, *De officiis ministrorum*, I, 50.
[165] «*Vel virgines, vel post nuptias continentes* [...] *presbiteri, episcopi, diaconi, aut virgines eliguntur aut vidui aut certe post sacerdotium in aeternum pudici*», San Girolamo, *Apologeticum ad Pammachium*, ep. 49, 21 – pl. 22, 510.

diffuse a dismisura il sistema beneficiale ecclesiastico, con il conseguente incancrenirsi di due grandi mali: la simonia (compravendita degli uffici) e il nicolaismo (violazione del celibato ecclesiastico).
Dal disordine susseguente scaturì la riforma di papa Gregorio VII (Riforma gregoriana), che promosse, tra l'altro, una più oculata scelta dei candidati. Queste iniziative furono ufficializzate durante il secondo Concilio Lateranense (1139), che s'impose come spartiacque nella storia e che ribadì la disciplina apostolica, inasprendo le pene per i colpevoli. Da qui sorse il grande equivoco secondo il quale «il celibato ecclesiastico è stato introdotto solo al Concilio Lateranense II».

Molto importante, per la formazione della canonistica giuridica medievale (*Corpus iuris canonici*) non solo il Decreto di Graziano[166], ma anche il commento successivo che ne dette Uguccio di Pisa[167]. Uguccio, nella sezione dedicata all'argomento, tratta specialmente della «*continentia clericorum*, quella cioè che essi devono osservare *in non contrahendo matrimonio et in non utendo contracto*». Si riconferma, dunque, per tutto il primo millennio, «un duplice obbligo» per i chierici: «di non sposarsi e di non usare più un matrimonio precedentemente contratto».
In genere, quasi tutti i canonisti medievali concordano sull'origine apostolica della continenza ecclesiastica, anche se la noncuranza nella scelta delle fonti causò alcuni fraintendimenti – la critica delle fonti sorse solo durante il Rinascimento.

Una prova ulteriore della validità della continenza giunse, paradossalmente, proprio nel momento della sua negazione, da parte del Protestantesimo: alla predicazione di Lutero, Calvino o Zwingli seguì a ruota l'abbandono del celibato ecclesiastico e il sacerdozio fu profondamente mortificato. Finalmente il Concilio di Trento – per la prima volta nella storia – con l'istituzione dei seminari, indicava chiaramente che il chierico dovesse essere scelto tra giovani vergini e celibi, opportunamente formati al sacerdozio, piuttosto che tra i coniugati.
La mossa portò, nei secoli successivi, parecchi frutti di santità e la riforma protestante fu efficacemente contrastata, per quanto umanamente possibile. Anche le decisioni di Trento furono fraintese non poco: a tutt'oggi – scrive Stickler – per celibato ecclesiastico «s'intende comunemente solo la proibizione di sposarsi», omettendo così di dire che il problema non è se sposarsi o meno, ma vivere castamente dopo l'ordinazione sacerdotale, da qualunque condizione provenga il candidato.

I detrattori della continenza considerano troppo severa la disciplina occidentale e si rivolgono alla prassi della Chiesa d'Oriente, perché vedono in essa il volto genuino della Chiesa primitiva.
Quest'opinione – sempre a parere del cardinale – non ha ragione di esistere per una serie di motivi. Pur avendo avuto, gli orientali, il supporto di alcuni autori della patristica – lo stesso san Girolamo, ad esempio, o Epifanio di Salamina – che riesposero le ragioni della continenza, l'Oriente cristiano fu carente dal punto di vista dell'autorità centrale.

[166] *Decretum Gratiani*, sec. XII. Si tratta di una raccolta di fonti del Diritto canonico, da parte del vescovo di Chiusi, Graziano.
[167] Giurista italiano (XII-XIII sec.), autore della *Summa* al *Decrteum Gratiani*, circa 1190.

Affrancandosi, lentamente, dal ruolo confermativo del pontefice di Roma, l'Oriente rimase ostaggio di una qual certa anarchia, che non seppe o non volle risolvere la questione dei chierici coniugati. Non che non esistesse la medesima tradizione apostolica tra Oriente e Occidente, ma il sistema disciplinare orientale è sempre rimasto assai frammentato. Sempre più distanti da un'autorità centrale, «ogni Chiesa particolare» d'Oriente «emanava norme proprie».

Il ruolo del papato fu surrogato dagli scritti dei Padri orientali (sbilanciati sull'ascetica) e dalle norme imperiali bizantine. In ogni caso la continenza dei vescovi era conservata, mentre non lo era quella dei presbiteri e dei diaconi, il cui uso continuato del matrimonio «veniva lentamente giudicato non più arrestabile». In una parola, «ci si arrendeva alla situazione di fatto».

A rendere la consuetudine non più sanabile contribuì, in maniera determinante, il Concilio bizantino Trullano II[168], non riconosciuto come ecumenico dall'Occidente e privo di legati pontifici romani. Il canone 12 fa divieto ai vescovi di usare del matrimonio. Viceversa, il canone 13 ne permette l'uso a sacerdoti, diaconi e suddiaconi, adducendo presunte «antiche prescrizioni apostoliche». La prassi è ancora in vigore nelle Chiese ortodosse.

È sorprendente che il Trullano, per giustificare la nuova disciplina e in mancanza di testi autentici che la certificassero, si trovò costretto a modificare il canone 3 del Concilio africano summenzionato. Ne risultò un testo contraffatto e una tale contraffazione non pesò più di tanto sulla coscienza dei padri conciliari, in quanto ritenevano (o si erano voluti convincere) che la questione fosse puramente disciplinare.

Questa è la sensazione rimasta fino ad oggi, in Oriente, ma sempre più spesso anche in Occidente, dopo la rinuncia di Benedetto XVI (2013). Si cerca di eliminare o indebolire il celibato sacerdotale, dicendo che si tratta di una legge della Chiesa modificabile.

Non è così: Stickler conclude l'opera dimostrando che il celibato, così come la castità, non sono elementi accidentali del sacerdozio cattolico, ma essenziali. Mentre in tempi di viva fede – scrive Stickler – «il Cristo-Sacerdote costituisce nella coscienza di tutti il centro vivo della vita di fede», in tempi di «decadenza del senso di fede la figura di Cristo-Sacerdote svanisce e scompare».

Gli elementi teologici sono molteplici e del tutto evidenti: Cristo è casto, vergine e celibe; il sacerdote cristiano è chiamato ad essere *alter Christus*, nonché «eunuco per il regno dei Cieli»[169]; san Paolo esige dal ministro della Chiesa che sia «*enkratés*» (continente)[170]; sempre san Paolo dice di avere il diritto di avere con sé una donna, come gli altri apostoli – ma, beninteso, una «*gynaika adelfén*», una «donna sorella», non una donna moglie.

Se a tutto ciò aggiungiamo l'esempio di molti santi sacerdoti, che hanno fatto della castità una delle loro ragioni di vita, si comprende bene perché per Giovanni Paolo II e per Benedetto XVI la questione del celibato ecclesiastico fosse da ritenersi chiusa.

---

[168] Detto anche Quinisesto. Costantinopoli, 692.

[169] Mt 19, 12.

[170] 1Cor 7, 9.

Maria Corredentrice in San Bonaventura da Bagnoregio

Tra gli autori che hanno trattato della mediazione e della corredenzione alla salvezza di Maria Santissima, San Bonaventura è da menzionare in modo speciale, non solo in quanto Dottore Serafico della Chiesa, ma perché è stato capace di dare la soluzione più elegante, profonda e semplice alla questione. Il Serafico è noto non solo per il suo cristocentrismo, ma per la delicata mariologia, al punto da occuparsi «circa tremila volte della Madonna»[171] nelle sue opere.

Bonaventura, in particolare, dedica tutta la sesta conferenza delle sue *Collazioni sui sette doni dello Spirito Santo*[172] al dono della fortezza in Maria Vergine. Già dall'inizio insiste su un «prezzo» – un «*pretium*» – che la Vergine avrebbe pagato assieme al Figlio suo, secondo le parole arcane di Proverbi 31, 10: «Il suo prezzo supera quanto viene da lontano e dagli ultimi confini»[173]. Il testo è un crescendo stupefacente d'introspezione nel mistero e può essere paragonato ad uno degli inni mistici e speculativi più elevati in onore della Madre di Dio. Va anche osservato che Bonaventura parla in pubblico[174] nel pieno della sua maturità teologica, sei anni prima dell'anno della morte (1274) e, su questo presupposto, è fondata una maggiore autorevolezza di pensiero.

Antefatti

Il vocabolo «corredentrice» è moderno e non appartiene né all'età patristica, né al Medioevo, fino a tutta la Scolastica e oltre: secondo Manfred Hauke, il vocabolo fa la sua prima comparsa «nel secolo XV, in un inno conservato a Salisburgo»[175]. Il concetto, invece, che sottende a «corredentrice» è presente tra i Padri del primo millennio, seppure in consistenza marginale, rispetto alla ben più poderosa disciplina cristologica e trinitaria. I motivi sono evidenti: la mariologia, come scienza teologica, si è sviluppata attorno e in conseguenza alle dispute accese tra eterodossi e ortodossi sulla realtà di Dio, del Cristo e della sua missione salvifica.

È comunque evidente, fin dal principio del cristianesimo, che vi è – in Maria – un'evidente e singolare complicità o cooperazione alla redenzione di Gesù Cristo. Anzi, l'evento dell'Incarnazione del Verbo altro non è che «l'inizio della redenzione che culmina sul Calvario»[176]. Di certo il suo *fiat* all'angelo Gabriele non è mai stato considerato qualcosa di neutro rispetto alla redenzione cristica e prende corpo, nel primo

---

[171] Bernardo Commodi, *Canto francescano a Maria*, San Paolo, 2011, p.75.

[172] Bonaventura da Bagnoregio, *Collationes* [Conferenze] *de septem donis Spiritus Sancti*, 1268. Abbr. *De Donis*. Qua nella traduzione di Pietro Maranesi, Renato Russo e Attilio Stendardi in: Opere di San Bonaventura, *Sermoni teologici/2*, Città Nuova, 1995.

[173] «*Procul et de ultimis finibus pretium eius*». *De Donis*, VI, 3.

[174] Le collazioni sono delle conferenze pubbliche nelle quali le parole del relatore vengono trascritte da uno o più studenti uditori e risistemate in bella copia.

[175] Manfred Hauke, "La cooperazione attiva di Maria alla Redenzione. Prospettiva storica (patristica, medievale, moderna, contemporanea)", in Telesphore Cardinale Toppo et al. (edd.), *Maria, "unica cooperatrice alla Redenzione"*. Atti del Simposio sul Mistero della Corredenzione Mariana, Fatima, Portogallo, 3-7 Maggio 2005, New Bedford, MA 2005, pp. 171-219. *Immaculata Mediatrix 6* (2/2006), pp. 157-189.

[176] *Ivi*. Cit. da *Lumen gentium* n. 26.

millennio, la devozione mariana, legata specialmente ai fatti di Betlemme (Natale) e alla *Dormitio Mariae* (Assunzione).
In ogni caso – come sostiene Hauke – «nell'epoca patristica, Maria appare come collaboratrice dell'Incarnazione, ma il coinvolgimento attivo sotto la Croce rimane ancora nell'ombra»[177]. E non è un'assenza da poco, poiché la redenzione di Cristo è massimamente riconducibile alla passione e alla morte di Croce. Se, dunque, Maria ebbe un qualche ruolo corredentivo, è soprattutto ai piedi della Croce che andrebbe cercato.
Con il Medioevo la sensibilità religiosa cambia e «si nota un'attenzione maggiore alla compassione di Maria sotto la Croce»[178]. Nelle sacre rappresentazioni, la Vergine è sempre più rappresentata come "donna dei dolori", mentre autori come Arnaldo di Bonneval, San Bernardo, Giorgio di Nicomedia o Ruperto di Deutz iniziano a presentare Maria come «mediatrice» di tutte le grazie di Cristo, oppure come «cooperatrice», per cui «Cristo immolava la sua carne, Maria la sua anima»[179]. E, tuttavia, nonostante alcune eccezioni, «l'associazione di Maria al sacrificio redentore non fa parte della dottrina trasmessa nelle grandi opere sistematiche della Scolastica»[180].

La Vergine «restauratrice» dell'onore sottratto a Dio

L'eccezione summenzionata è, ad esempio, quella di San Bonaventura, che esprime però la sua esegesi mediante un'opera non sistematica – il *De Donis*, appunto. Uno tra gli autori, che con più chiarezza ha interpretato la dottrina di Bonaventura sulla corredenzione mariana, è stato Vincenzo Cherubino Bigi (1921-2003), padre francescano e studioso tra i più acuti. In una delle sue pubblicazioni[181], sulla teologia del santo di Bagnoregio, Cherubino Bigi scrive proprio sulla sesta conferenza del *De Donis* e ne coglie l'aspetto mariano corredentivo, fermo restando – come già spiegato – che in Bonaventura (e nei medievali, in generale) non è presente la parola «corredenzione», se non in concetto.
Bonaventura, dunque, nella sesta collazione, accenna subito ad un «prezzo», che è quello di cui parla San Paolo: «Voi siete stati comprati a caro prezzo»[182], mediante il sangue di Cristo. Il vocabolo «prezzo», quindi, sottintende il «prezzo da pagare», da parte di Dio, per l'umana redenzione, dato che «l'uomo da sé non avrebbe potuto rendere soddisfazione»[183]. Dove però – domanda subito il Dottore – si trova tale prezzo? E risponde: «nell'utero della Vergine gloriosa». E ancora: «Il prezzo è di questa donna, [...] cioè da lei è stato assunto e da lei è stato pagato e posseduto»[184].
Già da queste prime battute si desume che il ruolo della Vergine, nella redenzione del Figlio, non è solo passivo, ma in qualche modo attivo, poiché non si è limitata ad assumere e possedere il «prezzo» (Gesù Cristo), ma «da lei è stato pagato». Quindi non

---

177 *Ivi.*
178 *Ivi.*
179 *Cf. ivi.*
180 *Ivi.*
181 VINCENZO CHERUBINO BIGI, *Studi sul pensiero di San Bonaventura*, Edizioni Porziuncola, 1988, cap. "La compassione corredentiva di Maria Santissima", pp. 310-318.
182 1Cor 6, 20.
183 *De Donis*, VI, 3.
184 *Ibidem*, 5.

solo pagato da Cristo, ma anche dalla Madre. E più avanti il Serafico conferma: «Essa stessa ha portato, pagato e posseduto quel prezzo»[185]. Ma Bonaventura non si ferma e segue a spiegare come la Madre abbia «pagato»: Ella «lo paga da forte e pia». Di seguito, la parte centrale della sua speculazione:

> «Primo, ella pagò quel prezzo da forte e pia con la pietà della venerazione divina. [...] Non vi è alcuno che possa rendere l'onore sottratto a Dio al di fuori di Cristo. E la beata Vergine è veneratrice e restauratrice [*venerativa et restaurativa*] dell'onore sottratto a Dio, poiché consente, da madre, che Cristo venga offerto in riscatto. [...] Anna fu lodata perché offrì Samuele; [...] Ella offrì il figlio per servire; la beata Vergine offrì invece il figlio suo per essere sacrificato. [...] Viene lodata la vedova povera, perché offrì tutto quello che aveva; quest'altra donna, però, cioè la Vergine gloriosa, misericordiosissima, pia e devota a Dio, offrì tutta la propria sostanza»[186].

È qui evidente – scrive Cherubino Bigi – «la ragione di *soddisfazione* insita nell'oblazione di Maria», per via del fatto che solo Cristo poteva restituire a Dio l'onore sottrattogli dal peccato; poi però «subito dimostra come la beata Vergine è *restaurativa* di quell'onore in quanto acconsentì, come madre, che il Figlio fosse offerto come prezzo soddisfattorio a Dio»[187]. Ancora più che nel concetto di «prezzo», appare qui la vocazione peculiare di Maria, che non si limita ad assistere e venerare, ma pure a «restaurare» – in modo del tutto subordinato al Figlio, sebbene attivo – l'onore sottratto a Dio.

«Donna, che c'è tra me e te?»

La Beata Vergine Maria fu «*compaziente*» agli «stessi dolori di Cristo e con Cristo (*compassio ad Christum*) per la salvezza delle anime», laddove la compassione non ha qui «solo il senso di avere pietà, ma anche quello più forte di *patire insieme* o con altri»[188] – *cum patior* (patire con). C'è un doppio carattere – sostiene Cherubino Bigi – della partecipazione di Maria all'immolazione del Figlio: nell'oblazione dolorosa vi è il «carattere *soddisfattorio*», mentre il «carattere *sacrificale*» è presente nelle stesse parole di Bonaventura («la beata Vergine offrì il figlio suo per essere sacrificato»); cosicché il «Cristo, oltre che prezzo soddisfattorio pagato da Maria, è anche *ostia* e *vittima* offerta da Maria»[189].
In nessun caso, al contrario, alla Vergine – pur avendo un ruolo corredentivo – può essere associata una «soddisfazione *de condigno*», applicabile solo al Cristo, quanto piuttosto una «soddisfazione *de congruo cum dignitate*», secondo l'espressione dello stesso Serafico[190]. La creatura, insomma, resta creatura e Dio rimane Dio: la «*compassio* di Maria ha solo valore partecipativo e dipendente». Oltre a ciò, solo Gesù è morto fisicamente, non la Madre. Nondimeno, pur essendo la *compassio* di Maria subordinata alla *passio* del

[185] *Ivi.*
[186] *Ibidem*, 17.
[187] CHERUBINO BIGI, *Studi sul pensiero di San Bonaventura*, op. cit., p. 311. I corsivi sono dell'autore.
[188] *Ivi.*
[189] *Ibidem*, pp. 311-312.
[190] *Cf. ibidem*, p. 312.

Figlio, essa ha un autentico valore soddisfattorio e restaurativo dell'onore sottratto a Dio[191], secondo la profezia di Simeone: «E anche a te una spada trafiggerà l'anima»[192].
Il «prezzo pagato» da Maria è un prezzo doloroso e peculiare e, per questo motivo, non può esservi una separazione totale tra *compassio* mariana e *passio Christi*. Cherubino Bigi è del tutto esplicito su questo punto: Bonaventura dimostra «come la *compassio* soddisfattoria [di Maria, *ndr*] abbia anche il carattere ed il valore di vera *corredenzione*», poiché egli «vede una stretta relazione tra Maria ed il prezzo della redenzione, in quanto ella lo offrì, lo pagò e lo possedette»[193].
Seppure, inoltre, «la prima azione corredentiva posta da Maria fu la libera accettazione della divina maternità [...], l'atto redentivo vero e proprio non fu l'incarnazione, ma bensì la passione e morte di Cristo». E la partecipazione alla Croce fu proprio il prezzo pagato da Maria, come afferma Bonaventura nella medesima sesta collazione:

> «[La Vergine] pagò questo prezzo da donna forte e pia, proprio quando Cristo patì sulla Croce per pagare tale prezzo, al fine di purificarci, lavarci e redimerci. In quell'ora la beata Vergine fu presente, accettante e concordante con il volere divino. E piacque a lui che il prezzo del suo seno fosse offerto sulla Croce per noi. [...] Gesù dunque vedendo sua madre e lì presente il discepolo che egli amava, disse a sua madre: ecco tuo figlio, cioè: colui che viene dato in prezzo della redenzione del genere umano; quasi volesse dire: È necessario che tu ti privi di me, e che io mi privi di te – e tu che da santa concepisti, offrilo da pia – e ti piaccia, o Vergine, che io redima il genere umano e plachi Dio»[194].

Il Serafico applica qui a Maria la categoria della «redenzione», propria del Cristo. E si applica per via di volontà – «In quell'ora la beata Vergine fu presente, accettante e concordante con il volere divino», così come si legge sopra. Il tutto ha una logica immediata, poiché se la Vergine non avesse pronunciato il suo *fiat*, la redenzione umana, per i meriti del Cristo, non si sarebbe compiuta nella modalità in cui avvenne.
Dio, però, nella sua provvidenza presciente, pur avendo avuto infinite modalità d'incarnazione (a motivo dell'onnipotenza), scelse proprio quella che passava dall'utero della Vergine Benedetta. Non avendo avuto alcuna necessità di condividere i meriti della sua passione e morte con una creatura, il Cristo volle comunque condividerli liberamente con la Madre, perché così convenne al volere eterno e divino del Padre.
Ai piedi della Croce si ha pure la risposta alla domanda di Gesù a Maria, durante le nozze di Cana: «Donna, che c'è tra me e te? Non è ancora giunta la mia ora»[195]. E Bonaventura risponde con Gesù: ora che è giunta l'ora comprendi, Donna, che tra me e te c'è il dolore della Croce e della morte, c'è separazione, ma anche il merito infinito delle mie piaghe, ovvero unione eterna; tra me e te c'è l'abisso tra Dio e la creatura, tra l'infinito e il finito, tra l'immortalità e la corruzione, ma c'è pure l'incarnazione del Verbo e l'unione

---

[191] *Cf. ivi.*
[192] Lc 2, 35.
[193] CHERUBINO BIGI, *Studi sul pensiero di San Bonaventura*, op. cit., pp. 312-313.
[194] *De Donis*, VI, 15.
[195] Gv 2, 4.

delle due nature, tra me e te c'è l'amore – «È necessario che tu ti privi di me, e che io mi privi di te», solo per un tempo di pianto, doloroso e limitato.
A Cana non ci fu, allora, un rimprovero di Gesù alla Madre, ma l'anticipazione misterica del sacrificio cruento della Croce.

Vittime innocenti

A parere del teologo Peter D. Fehlner, Maria «gode di una partecipazione unica alle cosiddette operazioni "teandriche" del Figlio suo come Maestro, Re e Sacerdote»[196]. Pertanto, Ella è «come nessun altro, *Magistra*, *Regina*, *Coredemptrix*, ma in un modo tale che il fedele, liberato dal peccato, può partecipare, attraverso di Lei, in vari modi, alla regalità, al magistero e al sacerdozio di Cristo»[197].
È lo stesso Cherubino Bigi che sostiene come in Maria si raggiunga l'eccellenza della sequela e dell'imitazione di Cristo, in particolare in ordine alle sue sofferenze[198]. Eccellenza rivelata anche nelle parole del Crocifisso «*Ecce filius tuus*» («Ecco tuo figlio», Gv 19, 26): San Bonaventura riferisce quelle parole a Gesù, non al discepolo Giovanni, «per mettere in evidenza la partecipazione della Vergine all'azione redentiva di Cristo»[199]. Il teologo francescano precisa che «il vero redentore è solo Cristo» e «Maria invece pagò un prezzo di altri, cioè attraverso la persona del Figlio; pertanto essa è solo corredentrice», avendo però, «come madre, un diritto sul prezzo della redenzione»[200].
Il Dottore Serafico, quanto al prezzo di Maria, è chiaro:

> «La donna sente dolore a causa del parto, cioè prima del parto. Ma la Vergine beata non soffrì dolore prima del parto, perché non concepì nel peccato, come Eva [...], ma sentì dolore dopo il parto. Onde essa generò prima di partorire, in quanto essa partorì nella Croce [...]»[201].

Quanto alla redenzione, c'è un unico elemento che rende la Madre uguale al Figlio: l'assenza di peccato. Entrambi pagarono un prezzo enorme a causa del peccato commesso da altri.

---

196 PETER D. FEHLNER, "De metaphisica mariana quaedam", in *Immaculata Mediatrix*, 2 (2001), pp. 13-42.
197 *Ivi.*
198 *Cf.* CHERUBINO BIGI, *Studi sul pensiero di San Bonaventura*, op. cit., p. 310.
199 *Ibidem*, p. 315.
200 *Ivi.*
201 *De Donis*, VI, 18.

Assunzione della Beata Vergine Maria

Il vocabolo "assunzione" non ha nulla a che fare con il volare, l'ascendere o il salire. Assumere, in latino, significa prendere, trarre, eleggere. In questo senso, l'Assunta è Colei che prese possesso di un trono, che fu eletta Regina del Cielo. Ci sono anzi due assunzioni, su cui è fondata la divina Rivelazione, come ricorda il teologo ortodosso Olivier Clément: quella di Gesù Cristo, della Vergine che accoglie il Figlio, «della divinità da parte dell'umanità»; e quella di Maria, eletta al Cielo, assunzione «dell'umano da parte del divino». Questo è il senso profondo – spiega Clément – dell'adagio patristico «Dio si è fatto uomo affinché l'uomo possa diventare Dio».
La Vergine Maria, quindi, «terminato il corso della vita terrena, fu assunta alla gloria celeste in anima e corpo» – così come si legge nella "*Munificentissimus Deus*" di Pio XII, che proclamò il dogma dell'Assunzione di Maria al Cielo. E intendeva dire che la Vergine fu rivestita della gloria celeste, la divinità, della quale liberamente Dio la fece assunta e, liberamente, Ella assunse. Allo stesso modo è volontà di Dio che qualsiasi uomo sia infine assunto nella divinità e nella persistente umanità incorrotta, ad eccezione di chi apertamente rifiuta la grazia e si danna, contro la divina volontà.

Una venerazione infallibile

Che la Madonna si trovasse già «al di là della morte e del giudizio» – secondo un'espressione di Clément – fu sempre un dato della fede, legato all'anticha tradizione del "*Transitus Virginis*" (Transito della Vergine) o della "*Dormitio Mariae*" (Dormizione di Maria). Sebbene, prima del V secolo, i Padri della Chiesa non si siano occupati delle vicende legate alla vita e alla morte della Vergine, se non per accenni, tuttavia la letteratura dei secoli precedenti dà notizia della festa mariana e gerosolimitana del *Káthisma*, alla quale si applicò la festa della Dormizione, secondo quanto afferma il "*Transitus Beatae Mariae Virginis*" di Leucio. Per celebrare questa ricorrenza e venerare la Madonna, i pellegrini dell'oriente cristiano erano soliti riunirsi annualmente nel Getsemani, presso Gerusalemme, dove la tradizione indicava il luogo del sepolcro di Maria. Si conosce anche il giorno tradizionale del pellegrinaggio – il 15 agosto – ripreso dall'imperatore Maurizio e scelto nel 600 come data della festa, da lui ufficialmente istituita e conosciuta come *Dormitio* o *Assumptio.*
Non deve stupire che una tradizione cristiana sia divenuta dogma, perché una verità di fede può essere definita dal magistero anche da una consuetudine devozionale, nel senso che esiste un'infallibilità «*in credendo*» dei fedeli laici accanto a un'infallibilità «*in docendo*» dei chierici. Ma il problema non è mai stato credere che la Vergine sia già beata in anima e corpo. È difficile, piuttosto, il comprendere a cosa corrisponda la Dormizione: Maria è morta o no? Si trattò di un transito dalla morte alla vita o di un risveglio dopo il sonno? Lo stesso Pio XII, nell'enciclica sulla definizione dogmatica dell'Assunta, non dice nulla in proposito.

Morte o addormentamento?

È verosimile la soluzione di alcuni padri, secondo i quali Maria non ebbe alcuna necessità di morire, in quanto concepita senza peccato ed essendosi mantenuta estranea al peccato per tutta la vita, laddove la morte è il salario del peccato. E tuttavia morì, come anche Gesù morì, non per necessità di giustizia, ma per adesione al martirio, a beneficio dei peccatori. Riassumendo la posizione della patristica, Giovanni Paolo II ebbe a dire che, pur essendo la morte presentata come castigo dalla Rivelazione, «il fatto che la Chiesa proclami Maria liberata dal peccato originale per singolare privilegio divino non porta a concludere che Ella abbia ricevuto anche l'immortalità corporale». E aggiunge: «Coinvolta nell'opera redentrice e associata all'offerta salvatrice di Cristo, Maria ha potuto condividere la sofferenza e la morte, in vista della redenzione dell'umanità» (*Udienza generale*, 25 giugno 1997).

Il Papa si è affidato all'autorità dei Padri, come ad esempio quella di san Giacomo di Sarug, «secondo il quale "il coro dei dodici Apostoli" quando per Maria giunse "il tempo di camminare sulla via di tutte le generazioni", la via cioè della morte, si raccolse per seppellire "il corpo virgineo della Benedetta"». O di san Giovanni Damasceno: «Bisognava certo che la parte mortale venisse deposta per rivestirsi di immortalità, poiché anche il padrone della natura [Cristo] non ha rifiutato l'esperienza della morte». O di san Modesto di Gerusalemme, che non trovò nulla di strano nell'affermare che Dio «risuscitò la Vergine dal sepolcro», per assumerla nella sua gloria. I Padri parlano di un bisogno, di una necessità nel ritenere plausibile la morte di Maria, ma si tratta di una necessità teologica, di una convenienza logica, non di un'esigenza dovuta ad un giusto giudizio di Dio.

Il sonno estatico

Va però detto che, se morte fu, non poté essere la morte di una peccatrice, tanto da subire la corruzione della carne. Il teologo Josè Antonio Loarte, nella sua "*Vita di Maria*" dimostra che la Vergine «per uno speciale privilegio di Dio Onnipotente, non fu sottoposta alla corruzione». È dunque presumibile che la dormizione mariana sia qualcosa di molto simile al trapasso naturale dei Progenitori (Adamo ed Eva), se non fossero caduti nella colpa: un addormentarsi sereno nel Signore, un sonno estatico, senza alcun tipo di terrore o dolore, senza lo spavento della morte. È questo, in fondo, il destino dei santi e dei martiri che, pur soggetti alla corruzione fisica della carne, si addormentano però nella pace. In essi si realizza così la Parola del Salmo 15: «Di questo gioisce il mio cuore, esulta la mia anima; anche il mio corpo riposa al sicuro, perché non abbandonerai la mia vita nel sepolcro, né lascerai che il tuo santo veda la corruzione».

Il penitente sa, per fede, di non essere destinato alla corruzione della morte. Egli sa pure che, dopo la sofferenza della malattia e della morte, vivrà per sempre nella beatitudine della Ss. Trinità. Il dolore e la morte non possono più turbarlo, perché è certo di essere stato perdonato, che in breve tornerà alla vita e che Gesù Cristo ha voluto assumere su di se tutta la tragedia del morire. Tanto più la Madre di Dio è stata resa vittoriosa su tutte le suggestioni di Satana, la cui casa è sede della disperazione eterna.

La morte del giusto

Con Maria scompare il «*mot tamut*» ebraico di Genesi 2, 17: «morendo morirai», dice Elohim all'uomo nel giardino dell'Eden. Il peccato, infatti, non si limita a portare il danno della morte fisica, ma è sempre accompagnato dal terrore e dalla disperazione della morte spirituale. In assenza della conversione, della preghiera e dei sacramenti, il cristiano è destinato – come chiunque altro – a morire giorno dopo giorno, ben prima che giunga la morte corporale. Ben diverso è il destino di chi si mette alla sequela di Gesù, della Vergine e di tutti i santi, poiché è liberato per sempre dalla disperazione – in questo mondo – e anche dalla morte corporale, nella vita a venire. Questo avviene poiché la morte naturale è infine annientata con la risurrezione dei giusti, che condividono la sorte del Giusto Signore crocifisso.

Sempre il Damasceno, nel parlare dell'Assunta, esordisce proprio dicendo che «il ricordo dei giusti è trasmesso con gioia» (*Omelia I sulla Dormizione*). Eppure Maria è più che giusta: la Theotokos – osserva il Damasceno – non fu indicata come Beata nel momento della risurrezione, ma già dal tempo in cui concepì verginalmente. A questo proposito il teologo ricorda il triplice privilegio mariano: «il concepimento verginale, l'inabitazione divina e il parto rimanendo integra».

Dio ci vuole sposi dello Spirito Santo

Oriente e Occidente hanno interpretato la venerazione all'Assunte in forme e tradizioni diverse. Più legato al gusto cultuale e alla declamazione devozionale, l'Oriente; più attento alla speculazione teologica sulle Scritture, l'Occidente. Ambrogio Autperto, nell'*Omelia dell'Assunzione*, dice apertamente che non occorre indagare troppo sulla morte di Maria, perché le Scritture non ne parlano e non si corra il rischio che l'uomo «scopra apertamente, ma falsamente, ciò che Dio ha voluto che rimanesse occulto». Dice poi Autperto che la Vergine, al pari dei monaci in fuga dalle risa e dalle gioie del mondo, «ritiene pianto questo riso e muta la gioia in afflizione. Per essa il mondo è un carcere [...] e la gioia del mondo è inesistente».

Il teologo contemporaneo Nicola Bux riassume un po' la sensibilità occidentale, nel riferirsi alla Madre di Dio. La Theotokos – scrive in "*Maria nella eucologia bizantina*" – «racchiude tutto il mistero dell'economia» salvifica. Ella è «la corona dei dogmi, cioè di tutte le verità di fede». Bux ritiene che l'Assunzione sia l'«entrata della Vergine "nel luogo del suo riposo"» e si colloca «tra la verginità e la materna intercessione». L'evento è così grande che è addirittura «improprio chiamare Maria "sposa dello Spirito Santo", in quanto lo Spirito è principio interiore che conduce ogni anima a sposare l'Agnello».

ASSUNZIONE DELLA BEATA VERGINE MARIA E QUESTIONE DELLA RISURREZIONE DELLA CARNE

L'assunzione, cioè l'elezione di una persona alla dignità divina, è uno degli aspetti della più generale risurrezione dai morti. Per singolare privilegio del Cielo, la Beata Vergine Maria non conobbe la corruzione della carne, ma è opinione comune della tradizione cattolica che Ella si addormentò nel Signore, conoscendo in tal modo la morte. Tuttavia, l'aspetto essenziale è che la Madonna è la prima tra i risorti – assieme a Gesù Cristo – ed è viva di vita immortale in anima e corpo, rigenerata completamente nella carne e assunta alla dignità di Regina del Cielo. Si è realizzato per Lei, prima della fine dei tempi e del giorno del giudizio, quanto dice san Paolo nella prima lettera ai Corinzi: «Quando poi questo corpo corruttibile avrà rivestito l'incorruttibilità e questo corpo mortale avrà rivestito l'immortalità, allora sarà adempiuta la parola che è scritta: "La morte è stata ingoiata nella vittoria"» (15, 54).

Dice inoltre l'Apostolo, nella stessa lettera, che «carne e sangue non possono ereditare il regno di Dio» e nemmeno «ciò che è corruttibile può ereditare l'incorruttibilità». Questa verità consegue il giudizio di Dio su tutte le realtà materiali, a seguito del peccato originale (e mortale) dei Progenitori. Non l'uomo è stato maledetto, ma la materia del suo corpo: «*maledicta humus propter te*» – «sia maledetta la terra a causa tua» (Gen 3, 17). La Provvidenza, per questi motivi, ha salvato la persona umana dalla dannazione eterna, se si converte e si pente, ma ha disposto che gli uomini «muoiano una sola volta, dopo di che viene il giudizio» (Eb 9, 27), nel «giorno» stesso della risurrezione della carne.

Primigenia bellezza dei risorti

Nella settima parte, al capitolo cinque, del suo *Breviloquium*, san Bonaventura da Bagnoregio espone la teologia della sapienza arcana e provvidente, che sta a fondamento dei divini misteri circa la morte e la risurrezione della carne. I morti – scrive – risorgeranno tutti nel medesimo tempo (il giorno del Giudizio), ma non tutti nella medesima dignità. Difatti, «i cattivi risorgeranno con le loro deformità e con le pene, le miserie e di difetti, che ebbero in vita, mentre nei buoni sarà conservata la natura, seppure i vizi saranno eliminati». Il santo Dottore, quanto alla salvezza, allude alla risurrezione gloriosa dei giusti, i quali «risorgeranno con il corpo integro e nella pienezza dell'età e con la dovuta misura delle membra», cosicché «tutti i santi pervengano all'uomo perfetto, nella misura che conviene alla piena maturità di Cristo».

I redenti, dunque, non conosceranno più nessuna imperfezione, né debolezza, né pianto, né rimpianto, né malattia, né vecchiaia, né mortificazione, né fatica. A tutti, però, dannati o redenti, sarà restituita la medesima carne trasformata, che si corruppe e andò dissolta: «in qualunque aura o seno della natura la polvere del corpo umano sia caduta», essa «ritornerà a quell'anima, che prima» animò la carne, «affinché vivesse e crescesse». Tutti risorgeranno nei «medesimi corpi», «nello stesso numero», «quali erano prima» e «costituiti dalle medesime parti». L'eccezione dei santi è che il volto, in particolare, giovane e perfetto, sarà rivestito della gloria divinizzante di Dio, che si esprime nella bellezza e nella proporzione somma, sul modello del Cristo risuscitato e glorioso: sarà allora del tutto evidente, in loro, l'immagine e la somiglianza primigenia con Dio, quanto alla forma, quanto alla sapienza e quanto alla volontà di ciascuno. Quali sono le ragioni profonde di tutto questo?

La risurrezione come opera della grazia e della giustizia

Essendo il primo principio – spiega Bonaventura – «potentissimo», «clementissimo» e «giustissimo», è necessario che l'«opera della retribuzione» – alla risurrezione – «avvenga secondo ciò che esige la rettitudine della giustizia, la riforma della grazia e il compimento della natura». In Dio, cioè, giustizia e misericordia «in nessun modo possono separarsi l'una dall'altra». Quanto alla giustizia, è necessario che l'uomo, meritando o demeritando, sia con l'anima che col corpo, «sia punito o premiato in entrambi». Quanto alla grazia, il corpo non può che essere «assimilato a Cristo capo»: l'uomo risorge per grazia, poiché Cristo è risorto e vuole che l'uomo viva per sempre. Quanto infine alla natura, la persona umana non può esistere che nell'unione di anima e corpo, secondo il volere sapiente di Dio. La persona, quindi, risorge per grazia, è premiata o punita per via della giustizia ed è l'unione di anima e corpo affinché la natura umana sia per sempre completa.
È da osservare che la natura, da sola, non può portarsi a compimento, ma è richiesta l'azione della «somma potenza, clemenza e giustizia», l'azione di Dio. Né la natura può rinnovare ciò che è stato rovinato dal tempo, dalle malattie e dai vizi. Soltanto la grazia può sovvenire al danno della morte: essa ci «rende conformi a Cristo, nostro capo, nel quale – continua il Dottore – non vi fu alcun difetto nelle membra, bensì perfetta età e debita statura e formosa figura». Così pure i santi gli somiglieranno nelle divine proporzioni e persino l'età apparente del volto (poiché nell'eternità non c'è più il tempo) sarà ricalibrata «al numero di anni che aveva Cristo quando risorse».
Non è un caso, in questo senso, che a Lourdes o a Fatima la Madonna sia sempre stata descritta dai veggenti come una giovane e bella signora. Anche diversi altri santi si sono manifestati nella storia con le loro fattezze giovanili, come a indicare l'inefficacia distruttiva del tempo rispetto alla potenza risanatrice di Dio.

Le "quattro doti del corpo glorioso"

Una grande speranza, contro l'angoscia provocata dalla morte, giunge dallo stesso san Paolo, che prova a confortare Corinzi e Tessalonicesi svelando un «mistero». Ai Tessalonicesi dice: «Perché il Signore stesso, a un ordine, alla voce dell'arcangelo e al suono della tromba di Dio, discenderà dal cielo. E prima risorgeranno i morti in Cristo; quindi noi, i vivi, i superstiti, saremo rapiti insieme con loro tra le nuvole, per andare incontro al Signore nell'aria, e così saremo sempre con il Signore» (1Tes 4, 16-17). E ai Corinzi: «Non tutti morremo, ma tutti saremo trasformati, in un momento, in un batter d'occhio, al suono dell'ultima tromba» (1Cor 15, 51-52).
San Tommaso d'Aquino, nel suo *Commento alla prima lettera i Corinzi*, interpreta l'espressione «in un batter d'occhio» come esclusione dell'«errore di coloro» che negano la risurrezione contemporanea dei morti. Lattanzio, ad esempio, credeva che i martiri risorgessero mille anni prima degli altri. Secondo un altro errore, anche il giudizio universale si protrarrà per mille anni: la simbologia del battito dell'occhio, al contrario, esclude che nell'eternità vi sia un tempo percettibile. Tommaso ritiene poi che l'«ultima tromba», richiamata da san Paolo, non sia null'altro che la «voce di Cristo», ossia la

«stessa presenza di Cristo resa manifesta al mondo», come del resto sosteneva anche san Gregorio Magno. In ogni caso, san Tommaso riprende la dottrina paolina delle «quattro doti del corpo glorioso», che sono «impassibilità, chiarezza, agilità, sottigliezza». Il corpo risorto nella gloria sarà dunque impassibile, poiché impossibilitato alla sofferenza e alla morte. Sarà chiaro, nel senso che sarà privo di ogni bruttura o vizio. Sarà agile, poiché obbedirà prontamente all'anima, senza la soma e l'inerzia che lo caratterizzava nel tempo. E infine sarà sottile, assomigliando alla realtà spirituale dell'anima.

Risurrezione della carne

Anche sant'Agostino d'Ippona, nel *Discorso n. 362*, propone la sua esegesi dei passi di san Paolo, specialmente a proposito dell'espressione «tutti saremo trasformati». È la carne – spiega Agostino – ad essere trasformata, non il corpo. La carne e il sangue, infatti, così come sono nel secolo, «non possono ereditare il regno di Dio», come dice l'Apostolo ai Corinzi. E quindi «carne e sangue non potranno ereditare il regno di Dio, perché la carne risorgendo sarà trasformata in quel corpo libero dalla corruzione mortale, che non potrà più essere detto carne e sangue». Sarà invece detto «corpo celeste», a differenza del «corpo terrestre», che invecchia e muore.

Agostino sostiene anche l'importanza di una precedente «risurrezione dello spirito», privilegio di coloro che rinascono dallo Spirito, che appartiene all'ambito della fede e senza la quale non vi può essere risurrezione beata. In assenza di una rinascita nello Spirito, a seguito della conversione e della penitenza, il corpo risorgerà per condividere la pena dei dannati. Sono allora due – dice Agostino – le risurrezioni: è in errore però colui che nega la risurrezione della carne, per il fatto che si è già verificata quella dello spirito.

La Beata Vergine Maria, senza ombra di peccato e già risorta nello Spirito, fu risuscitata e assunta al Cielo nella pace. La morte di Maria – scrive sant'Alfonso Maria de' Liguori – «fu tutta pace e consolazione, perché la vita sua fu tutta santa». La nostra morte, invece, «non sarà così e i peccati ben verranno a spaventarci in quel punto». «Ma sentite», ci conforta il santo: «Per chi lascia la mala vita e si mette a servire Maria, sarà pensiero di questa buona Madre aiutarlo in quel punto, e farlo morire consolato».

PATHOS CRISTIANO E APATIA MODERNA

«Smettetela di essere gentili, siate veri!», titolava Thomas d'Ansembourg un suo libro del 2001. Ma qual è l'essenza dello stile in Occidente? Cos'ha avuto sempre da dire la nostra civiltà al mondo? Forse ciò che sintetizza Rémi Brague, quando dice che essere occidentale – «essere romano» insomma – «significa avere a monte di sé un classicismo da imitare e, a valle, una barbarie da sottomettere». L'occidentale, dunque, si sente come «intrappolato tra qualcosa di simile a un "ellenismo" e qualcosa di simile a una "barbarie"».

Un ponte, ecco. L'Occidente è un ponte, ma non in senso moderno, non nel senso infantile di colui che si contrappone ai muri. Non c'è proprio nessuna contrapposizione. L'Occidente non è un aut-aut, nonostante la Riforma, nonostante Kierkegaard, nonostante i chierici contemporanei. Togli l'et-et cristiano, ellenistico, romano e crolla una civiltà, crolla una guida, così come crolla una chiesa – il suo paradiso, il suo inferno, il suo amore comandato, la virtù, la certezza epistemica. Sull'et-et Vittorio Messori ci ha costruito una sapienza. Messori, sull'autorità di Jean Guitton, ha sempre affermato che il cattolico – ed europeo, in quanto cattolico – non si accontenta di questo 'o' di quello (aut-aut), ma vuole il Tutto, «possiede» questo 'e' quello (et-et).

E, allora, la figura del pontefice – non solo nel senso ecclesiastico – trae la sostanza dal «ponte» di Lancillotto. Il cavaliere passa il ponte, tra questo mondo e l'altro, tra il peccato e la conversione, ma senza alcuna comodità: il ponte di Lancillotto «era diverso da tutti gli altri», come narra il de Troyes. Mai vi fu «un ponte così orribile, né una passerella così tremenda», poiché si tratta di una lama che passa sopra il fiume, come fosse «una spada rilucente e bianca». Per passare passa – ma «con grande dolore e con grande affanno; si ferisce mani, ginocchia e piedi». E ce la fa, comunque, perché «lo risana Amore, che lo conduce e guida, così che la sofferenza gli era dolce».

Il vero pontefice non ride bonario, non tace dei rischi, non è un facilone. Il vero pontefice vede «l'acqua furente, rapida e strepitosa, nera e densa, tanto orrenda e tanto spaventevole, come se fosse il fiume del diavolo». È un'acqua «tanto perigliosa e profonda, che non c'è nessuna creatura al mondo che, se vi cadesse, non fosse spacciata come nel gelido mare». E anche San Galgano da Chiusdino, cavaliere eremita, fu guidato «insino a un fiume, sopra el quale era un ponte el quale era molto longo e senza grandissima fadigha non si poteva passare» (*Legenda beati Galgani*).

Dove sono finiti, nel fatto religioso, passione, estasi, angoscia, fascino, delirio, sublimità, impeto? Chi ha dimenticato, secondo quanto sosteneva Jean Daniélou (in *Dio e noi*), che la santità è tremenda? Daniélou cita Rainer Maria Rilke – potrebbe non farlo? – che paragona il «terribile» di Dio al «bello», ovvero al «primo grado» del «*tremendum*». L'angelo di Rilke è tremendo, poiché Dio è tremendo. In Dio è il *pathos*, non l'apatia. Togli il *pathos* dalla religione e la distruggi. Nelle *Elegie duinesi*, Rilke confessa che il poeta cadrebbe «morto per l'esistenza troppo forte» dell'angelo – e, per estensione, di Dio. In Daniélou è del tutto palese che un primo contatto con la completa alterità di Dio «confonde e disorienta lo spirito», provocando nell'animo un autentico «spavento» – il «*pavor* dei latini». Da qui l'autentico significato di «*extasis*», della mistica, intesa come «sospensione dei sensi».

Il tremendo è ora sostituito dal bonario. La strizzatina d'occhio ha rimpiazzato la visione estatica. Tutto ciò è molto strano, anche perché non c'è niente di bonario nella Rivelazione. La Beata Vergine, all'Annunciazione dell'angelo, «rimase turbata» («*dietaràchte*», in greco). Ma di che turbamento si trattò? Di «paura» («*phobìa*»), lo dice l'angelo stesso: «non temere» – «*mè phobou*». Scalzare il santo timor di Dio, significa abolire la Rivelazione.
L'apatia poi non convince nessuno, non muove. Sempre che ci sia ancora qualcuno intenzionato a predicare, ad esortare, a convincere. Non San Tommaso, né Torquemada, ma il ben più indulgente Henri de Lubac diceva che il dialogo con il prossimo dev'essere condotto «in modo da svegliarlo e da convincerlo» (in *Athéisme et sens de l'homme*).

TEOLOGIA DEL MURO, NEI SERMONI DI SANT'ANTONIO DA PADOVA

Il muro, nella Sacra Scrittura, ha in genere un'accezione positiva, per la sua proprietà di difendere un certo spazio. Le città sono difese da alte mura e torrioni e il Tempio stesso ne è circondato.
Sant'Antonio da Padova, nel *Sermone della III Domenica di Avvento*, interpreta «muro» dal latino «*munit*», indicativo presente del verbo «*munire*», cioè «difendere». Il Taumaturgo, nel *Sermone*, sta interpretando un passo del profeta Isaia (26, 1): «Città della nostra fortezza è Sion; a nostra salvezza sarà eretto un muro e un contrafforte». La cinta muraria – dice Antonio – è una figura di Gesù Cristo, nella sua doppia natura, umana e divina: «Nel muro è raffigurata la divinità, nel contrafforte l'umanità», poiché «la fede nel Verbo incarnato è la protezione e la difesa dei penitenti».

La stessa Beata Vergine Maria è difesa dal muro della grazia e «fu quasi recintata» da una «triplice vegetazione, perché la suggestione diabolica, l'ipocrisia del mondo e l'attrattiva del peccato non potessero violarla» (*Sermone per la Purificazione della B.V. Maria*). Del resto, già si parla di Lei nel *Cantico dei Cantici* (4, 12): «Giardino chiuso tu sei, sorella mia, giardino chiuso, fonte sigillata».
E Antonio aggiunge che questo triplice recinto è il «muro dell'umiltà», il «muro della povertà» e il «sigillo della verginità». La Vergine – ma anche il monaco, il penitente o l'eremita – è un «*hortus conclusus*», un giardino sigillato, perché è protetto dalla grazia di Dio. Per i Padri del deserto, a questo proposito, era di capitale importanza, per la propria salvezza, dimorare entro i muri della propria cella, per non essere distratti nella preghiera e per non cadere vittime del demonio, che «come leone ruggente va in giro, cercando chi divorare» (1Pt 5, 8).

Non solo Cristo edifica le mura di difesa della sua Chiesa, ma è anche vagheggiato dal profeta Amos, che lo chiama «muratore». Si legge, infatti, in Am 7, 7 che «il Signore stava sopra un muro liscio, e tra le mani aveva la cazzuola da muratore». Come spiega il Santo di Padova questo passo veterotestamentario?
Nel *Sermone per la Cattedra di San Pietro*, Antonio afferma che il muro liscio rappresenta «la sua triplice Chiesa» – militante, purgante e trionfante – levigata «perché nulla ci sia di disordinato, di ruvido, di ineguale, ma tutto si faccia in modo lineare ed agevole». Tutto, insomma, «si faccia nella carità», come disse l'Apostolo in 1Cor 16, 14.
Nella cazzuola, che sta nelle mani del muratore (Cristo), è «simboleggia la potenza di Dio». E non solo il Signore costruisce il muro della Chiesa, ma lo fa – continua Sant'Antonio – «per tre scopi»: «per edificarla, per combattere da essa e per mezzo di essa gli avversari, e per proteggerla». È, in tutto e per tutto, la funzione che le cinte murarie hanno nelle città e, in particolare, in Gerusalemme, la città santa. In essa il muro è prima edificato, assieme alla città. Inoltre, costituisce una barriera sulla quale poter agevolmente combattere contro chi assedia la città. Infine, le mura sono un baluardo di difesa, dalle frecce e dagli assalti del nemico.

Il muro ha pure a che fare con la predicazione e, dunque, con la vocazione peculiare del sacerdote. Nel *Sermone della V Domenica dopo Pentecoste*, il Dottore evoca la Parola di Dio, rivelata al profeta Ezechiele. Il Signore rimprovera i profeti stolti, paragonandoli a

sciacalli, poiché avevano profetizzato non secondo verità, ma secondo i propri desideri.
Dio paragona i profeti stolti a coloro che si rifiutano di costruire un «baluardo in difesa degli Israeliti» (Ez 13, 5).

I veri profeti (i predicatori), al contrario, «devono opporsi ai nemici come un muro a difesa del santuario del Signore», dice Antonio. Il Signore chiama qua a raccolta la Chiesa militante, che deve impedire la «distruzione del muro spirituale, prodotta dal peccato».
Per questo motivo il Signore dà al profeta un mandato: «Ed ecco, oggi io faccio di te come una città fortificata, come una colonna di ferro e un muro di bronzo [...]» (Ger 1, 18).

Fa' quindi attenzione – dice il Santo – a queste tre cose: «la città, la colonna e il muro», laddove «nella città fortificata è indicata l'unità, che veramente difende e difendendo custodisce; nella colonna di ferro è indicata la carità fraterna che sostiene; nel muro di bronzo è indicata l'indomita pazienza e la costanza nella predicazione».

Teologia dell'Avvento e parusia del Cristo

Due sono i mondi, il naturale e il soprannaturale. Due le speranze, quella disillusa, in questa vita, e quella appagata, nella vita eterna. Due le realtà della sostanza umana, la corporale e la spirituale. Due le città, la città dell'uomo e la città di Dio. Due i luoghi sempiterni, l'inferno e il paradiso. Due le paternità, la terrena e la divina. Due le maternità, la carnale e la mariana.
Sono due, anche, gli Avventi, le venute del Cristo nella storia: una nel tempo, a Betlemme, che conosciamo come incarnazione – e una alla fine del tempo, quando il Signore tornerà a giudicare i vivi e i morti. Non è strano tutto ciò – dice san Cirillo di Gerusalemme, nella quindicesima *Catechesi* – poiché «quasi sempre nel nostro Signore Gesù Cristo ogni evento è duplice». E, dunque, è «duplice la generazione [del Verbo], una da Dio Padre, prima del tempo, e l'altra, la nascita umana, da una Vergine nella pienezza dei tempi». Non solo, ma «due sono anche le sue discese nella storia: una prima volta è venuto in modo oscuro e silenzioso, come la pioggia sul vello; una seconda volta verrà nel futuro, in splendore e chiarezza davanti agli occhi di tutti».
Secondo Cirillo, duplice è l'affetto del Cristo (sofferenza e gioia), come duplice è il suo giudizio (la croce e la gloria): «Nella sua prima venuta fu avvolto in fasce e posto in una stalla, nella seconda si vestirà di luce come di un manto. Nella prima accettò la croce senza rifiutare il disonore, nell'altra avanzerà scortato dalle schiere degli angeli e sarà pieno di gloria».

La presenza gloriosa del Cristo

È necessario – continua Cirillo – non limitarci a meditare solo sulla prima venuta, ma vivere in attesa della seconda. La magia del freddo Natale è un preludio alla magia del Natale perpetuo, perché il Verbo è generato eternamente dal Padre e questa generazione è fonte di beatitudine infinita, a cui l'uomo è chiamato a partecipare. Soprattutto chi è nella sofferenza e piange per la mancanza di giustizia, deve guardare a Gesù con amore e credere fermamente che «vi sarà la fine di questo mondo e la nascita di un mondo nuovo».
L'Avvento del Cristo alla fine dei tempi è chiamata anche "parusia" che, secondo il significato greco, si può tradurre con "presenza". La parusia, nel senso generale, è la presenza del Re, del divino. Non è sbagliato considerare la parusia un "ritorno", seppure non sia opportuno ritenerla tale: la presenza, infatti, è uno stato dell'essere che va oltre il tempo, così come Dio non ha bisogno di andare e tornare fisicamente in alcun luogo. C'è una differenza, inoltre, tra la prima e la seconda parusia. Nella prima – l'incarnazione – Dio si spoglia di se stesso e viene al mondo nella povertà, nella sofferenza della croce. Nella seconda – alla fine della storia – Dio viene nella gloria e nella potenza.
San Paolo, nella Lettera a Tito (11-13), attesta dell'incarnazione del Verbo nella storia: «È apparsa la grazia di Dio, apportatrice di salvezza per tutti gli uomini, che ci insegna a rinnegare l'empietà e i desideri mondani e a vivere con sobrietà, giustizia e pietà in questo mondo». E non solo (o non tanto) per via della nostra vita secolare, ma «nell'attesa della beata speranza e della manifestazione della gloria del nostro grande Dio e salvatore Gesù Cristo». Qua san Paolo chiama «beata» la speranza, perché la parusia del Signore è la realizzazione della salvezza umana, dopo che Gesù ci ha redenti e perdonati

nel suo sangue. La parusia finale è anche il giorno del giudizio, nel quale il Cristo «è come il fuoco del fonditore e come la lisciva dei lavandai» (Ml 3, 1-3). Egli «siederà per fondere e purificare»: chi mai «sopporterà il giorno della sua venuta? Chi resisterà al suo apparire?». I penitenti certamente sopporteranno e resisteranno nel giorno del giudizio e, anzi, pronunceranno nuovamente il soave cantico natalizio: «Benedetto colui che viene nel nome del Signore» (Mt 21, 9).

Non solo due, ma quattro Avventi

Quanto a Dio, allora, vi è una duplice operazione che, dal seno della Ss. Trinità, emana nella storia, prima con l'incarnazione del Verbo e poi con la parusia finale. In questo senso, gli Avventi sono due. Ma proprio perché il Signore è presente nella storia, la sua operazione coinvolge l'uomo, la sua vita, la sua libertà e la sua possibilità di scegliere il bene e il male. Per questo motivo sant'Antonio di Padova, nel *Primo Sermone di Avvento*, espande la presenza di Dio e parla di quattro Avventi – nei quali l'uomo ha una parte attiva: egli non è mero spettatore, ma è il soggetto al quale Dio rivolge tutta la sua attenzione e il suo amore. Il primo Avvento è la presenza di Cristo nella carne (incarnazione), il secondo è la presenza di Cristo nella mente umana (conversione), il terzo è la presenza di Cristo al momento della nostra morte (scelta), l'ultimo Avvento è la presenza di Cristo nella maestà (giudizio).
Sant'Antonio dà una lettura molto originale del celebre passo lucano d'Avvento: «Vi saranno segni nel sole, nella luna e nelle stelle» (Lc 21, 25). Il sole è Gesù Cristo, che è «*sol, solus*»: è solo, nel senso che «abita una luce inaccessibile», come dice l'Apostolo. E questo sole «è divenuto nero come un sacco di crine» (Ap 6, 12), ovvero la natura divina del Verbo assunse la natura umana, come se un sacco coprisse una grande luce. Ecco dunque che l'Emmanuele prende la carne della Vergine, che è carne non corrotta dal peccato, come quella di Adamo prima della caduta. I «segni nel sole» – dice Antonio – rappresentano le cinque piaghe del corpo di Gesù, alle mani, ai piedi e al costato. Piaghe di passione e di amore, per aprire all'uomo le porte del paradiso. Dalle piaghe esce il sangue, che «grida misericordia», non come quello di Abele «che gridava vendetta». In questo primo Avvento, in questa prima presenza del Re dei Re, «suona la tromba della predicazione», per annunciare al mondo la salvezza.
Il secondo Avvento è nella mente dell'uomo, di cui parla il Vangelo: «Vi saranno segni nella luna», laddove la luna «diventò tutta simile al sangue» (*ibidem*). La luna è la figura dell'uomo – in quanto è uno tra le luci – e il sangue è il simbolo della purificazione. Quando, pertanto, Dio si manifesta nella mente, l'uomo è tenuto alla contrizione e al pentimento, seguendo la via della castità, dell'umiltà, dell'astinenza e della povertà. Viceversa, il peccato allontana la pace interiore e rende il cuore dell'uomo sempre più avaro, più idolatra, più cieco. Il sangue è anche il simbolo della «contrizione del cuore», per cui dice l'Apostolo che «senza spargimento di sangue non c'è perdono» (Eb 9, 22), proprio nel senso che non si entra nella salvezza senza contrizione.

Il Signore chiama alla salvezza

Il terzo Avvento ha a che fare con la morte corporale, quando il Signore si fa presente per il giudizio particolare di ciascuna anima. A questo è riferita la terza affermazione evangelica summenzionata: «Vi saranno segni nelle stelle». Le stelle – prosegue il santo di Padova – sono gli uomini viventi, che «dal cielo caddero sopra la terra» (Ap 6, 13). Questo significa che la natura umana dovrà cadere, alla fine dei giorni di ciascuno, verso la polvere dalla quale fu tratta da Dio. La morte del giusto o del penitente è, però, beata e l'uomo può affermare: «Io gioisco pienamente nel Signore e la mia anima esulta nel mio Dio» (Is 61, 10). Differente è la morte disperata dell'empio, che non resiste allo sfinimento delle membra e all'angoscia che gli trasmette il demonio. Sono appunto le creature infernali che cercano di portare lo spirito umano alla disperazione, immettendo in esso la «paura della geenna», specialmente nell'ultima fase della vita terrena. La volontà di Dio è ben diversa: il suo amore desidera che l'uomo non sia «deriso dai nemici», né che muoia avvelenato dal pungiglione della morte.

La parusia finale, ossia il giorno del giudizio, è il quarto e ultimo Avvento del Cristo, che verrà in «potenza e maestà». Sant'Antonio precisa che la potenza «riguarderà coloro che saranno condannati», mentre la maestà «coloro che saranno salvati». I giusti guarderanno un Gesù maestoso, pieno di gloria e splendore, mentre il loro sguardo s'illuminerà di meraviglia benevola verso la fiamma dell'amore. I reprobi, al contrario, resteranno paralizzati dallo sguardo tremendo e potente del Giudice, che infliggerà loro una fiamma di rigore.

Il Verbo, che davanti a Pilato e nel corso della storia umana è stato in silenzio, nell'ultimo giorno «griderà come una partoriente», lasciando in tal modo «libero corso al rammarico sì a lungo represso». Se lungo i secoli il Cristo è rimasto nell'attesa paziente del pentimento dei peccatori, ora – nel giorno dell'ultimo Avvento – Egli ridurrà al nulla la superbia, l'idolatria e le vane ricchezze materiali. In questo giorno eterno della salvezza, i giustificati dal sangue dell'Agnello «non resteranno delusi», poiché «saranno finiti i giorni del lutto», come profetizzò Isaia (60, 20).

Proprio perché tutti «vedranno il Figlio dell'uomo venire su una nube con grande potenza e gloria», il Vangelo lucano avverte: «Vegliate in ogni momento pregando, perché abbiate la forza di sfuggire a tutto ciò che sta per accadere, e di comparire davanti al Figlio dell'uomo».

VITTORIO BACHELET: SCELTA RELIGIOSA O POLITICA?

Tempo fa, mons. Giampaolo Crepaldi, Arcivescovo di Trieste, era tornato a parlare di «scelta religiosa», nell'intervista su Vita Nuova rilasciata a Stefano Fontana (22 gennaio 2016). La scelta religiosa – ha detto – «è un modo per negare un rapporto strutturato tra la Chiesa e il mondo, come se la Chiesa non avesse un "corpo" dentro la storia e una "dottrina" per far luce sul mondo».
In una precedente intervista (giugno 2013) mons. Crepaldi aveva affermato che «la cosiddetta "scelta religiosa" fu interpretata dagli uomini di Azione Cattolica in modo ambiguo». Avrebbe dovuto, cioè, «comportare il concentrarsi sul *proprium* dell'Azione Cattolica, quello che Benedetto XVI ha poi chiamato "il posto di Dio nel mondo"».
Invece, «è stata vissuta come un apparente disimpegno rispetto ad una presenza visibile e organizzata, condannata troppo frettolosamente come preconciliare». E perché «apparente»? Poiché – spiega – non ci fu alcun reale disimpegno: da quel periodo, «moltissimi dirigenti dell'Azione Cattolica s'impegnarono direttamente in politica, prevalentemente nei partiti di sinistra».

Il problema sta soprattutto in un paradosso. Da quando, in quel remoto 1969, l'Azione Cattolica (Ac) cominciò a contemplare nei suoi statuti la scelta religiosa, non si estinse affatto la 'scelta politica' che, secondo le intenzioni, si sarebbe voluta cancellare. Non solo, ma la scelta politica fu specialmente o esclusivamente volta a quel settore di sinistra da sempre ostile all'insegnamento cattolico sociale.
Per Mario Casella, che sull'Ac ha scritto vari libri, la «scelta religiosa» fu un termine «non felicissimo», come scrive Vittorio De Marco nel suo *Storia dell'Azione Cattolica negli anni settanta* (Città Nuova, 2007). Anche De Marco, vicino ad Ac quanto Casella, sostiene che dagli anni Sessanta si trattava appena «di elaborare quasi una "dottrina" della scelta religiosa, da studiare e sviluppare all'interno di ogni gruppo». La scelta religiosa, insomma, nasceva da subito come termine ambiguo.

Cos'era successo? Nel 1964 Paolo VI nominava il giurista Vittorio Bachelet presidente generale di Ac e lo incaricava di rinnovare l'Associazione laicale secondo lo spirito del Concilio Vaticano II. Bachelet aveva però già ricevuto un incarico simile, quando Giovanni XXIII lo nominò vicepresidente nazionale, nel 1959.
Bachelet non era affatto entusiasta della prassi consueta di Ac, che prevedeva – specialmente sotto la presidenza di Luigi Gedda (1952-1959) – una testimonianza schietta di Gesù Cristo anche nell'ambito politico. L'idea era di non essere collaterali a nessun partito e, pur rimanendo nel sociale, Ac si sarebbe dovuta impegnare solo nell'educazione alla fede e nell'annuncio del Vangelo. È quello, tuttavia, che Ac faceva normalmente e con successo, contro l'imporsi del modernismo prima e delle forze social-comuniste nell'immediato dopoguerra.

Eppure, «sulla scelta religiosa si attuerà una sorta di catechesi permanente, proprio per la difficoltà a fornire una definizione valida per tutti e per tutte le stagioni» – scrive De Marco. Lo stesso Bachelet non chiarificò granché: il «senso positivo» della scelta religiosa – disse nel 1971 – è comprendere come l'autenticità dell'esperienza cristiana sia essenziale nella stessa salvezza dell'uomo quaggiù. E tanto più lo è quanto più autentica e meno strumentalizzata a soluzioni terrene». Forse per Bachelet i progetti, spesso audaci, dei cattolici in politica sono equiparabili a strumentalizzazioni? E perché il cattolico laico non dovrebbe prospettare soluzioni terrene?

Cosa sia accaduto dopo quegli anni, nell'Ac come in molti altri settori cattolici, è noto: la scelta religiosa divenne spesso un pretesto per il disimpegno, politico e non. O addirittura – e qui sta il paradosso – per l'impegno politico a favore dei partiti della sinistra, a cui va la responsabilità diretta o indiretta di molte leggi contrarie all'insegnamento cristiano. Non fu certo una prassi circoscritta ad Ac, ma la scelta religiosa portò ad una certa debolezza dinnanzi alle ideologie del mondo e all'indebolimento dell'identità cattolica.

Eppure oggi vi è chi non desiste nemmeno di fronte all'evidenza. Il sociologo Luca Diotallevi scrive: «La scelta religiosa non limita la rilevanza del Vangelo a un determinato ambito (quello della religione). Al contrario, essa è affermazione del fatto che in ogni scelta, in qualsiasi ambito essa avvenga, la libertà può farsi guidare e sostenere dalla luce e dalla forza del Vangelo» (in *L'ultima chance. Per una generazione nuova di cattolici in politica*, Rubbettino, 2011).
Diotallevi nega che la scelta religiosa abbia a che fare con l'eliminazione della scelta politica. E perché, allora, l'opera di Gedda cadde nel dimenticatoio? Perché, se la rilevanza del Vangelo è per tutti gli ambiti, si è preferito un concetto ambiguo e fuorviante come "scelta religiosa"?

Continua Diotallevi: «La scelta religiosa nasce dall'accoglienza di quel duro combattimento interiore che richiede di essere liberi dal mondo – accettando sempre più l'unica signoria di Gesù Cristo – per essere liberi nel mondo, e per quanto riguarda il caso di cui ci stiamo occupando: di essere liberi dalla politica per essere liberi nella politica». Ma se «l'unica signoria di Gesù Cristo» è assodata nella persona, non vi sarà certamente in essa alcun «duro combattimento interiore». Al contrario, l'unico combattimento sarà esteriore, contro quel mondo che non accetta l'unica signoria di Gesù Cristo.

A Matteo Truffelli, attuale presidente nazionale dell'Ac, parve strano (nel 2015) cha alla scelta religiosa sia stato rimproverato di «uscire dalla storia», inducendo «i propri aderenti a ritirarsi dall'impegno nel mondo e per il mondo» e «accontentandosi di formare le persone a una fede intimistica, da vivere solo "nel privato"». Al di là delle intenzioni, però, è proprio quello che è successo. Il significato autentico della scelta religiosa non fu affatto frainteso.

Il demonio non può non essere una persona

Francesco Agnoli ha detto recentemente che il Maligno «è persona, né simbolo né cosa». E lo dimostra mediante l'argomento maggiore: il male «è una scelta della nostra intelligenza e volontà, cioè della nostra persona». Agnoli attinge dalla sapienza teologica e filosofica classica, secondo cui il male è una categoria etica; e dove c'è l'etica c'è una scelta; e dove c'è scelta c'è una persona che sceglie. Chiunque riduce il male a simbolo, o a forza malefica, compie un paralogismo. Dire che il principio del male è impersonale significa applicare bene e male al di fuori della persona. Cioè, al di fuori di volontà e ragione. Ma questo è un paralogismo, perché bene e male si originano proprio nell'intelletto e nella volontà.

Le creature, di per sé, sono neutre – eticamente neutre. Così anche i corpi, le forze o le energie. Bene e male hanno anche a che fare con le forze, ma solo per orientarle al bene o al male, appunto. È questo il motivo per cui la Rivelazione, interpretata dal magistero cattolico, afferma l'esistenza di un Dio buono, come pure degli angeli che, per libera scelta, fanno il bene o il male. Allo stesso modo, l'uomo compie la scelta nella propria coscienza, in obbedienza o in disobbedienza alla legge di Dio.
Se vi è, dunque, un principio del male, questo non può che essere un angelo decaduto (demonio) o una persona dannata. Non vi è nulla di simbolico in materia etica, ma piuttosto di tragico o di amabile, poiché il male (come scelta) trascina le creature alla rovina, mentre il bene le beatifica.

Perché gli animali, i vegetali e le cose inanimate sono fuori dalla dimensione morale? È questa una questione talmente dibattuta nella storia, che non è per nulla difficile trovare l'argomento di un qualche autore. Clive Staples Lewis, ad esempio, scrive che mentre «un corpo non può scegliere di obbedire o no alla legge di gravitazione», un uomo «può scegliere tra obbedire e disobbedire alla legge della natura umana» (*Il cristianesimo così com'è*, Adelphi). Le uniche leggi a cui l'uomo è costretto ad obbedire sono quelle «che ha in comune con le altre entità» irrazionali – come la legge di gravitazione e le altre leggi della fisica e della chimica.

C'è, allora un qualcosa che lega bene e male alla libertà, di cui godono gli esseri volenti e intelligenti. Nella teologia morale di San Bonaventura da Bagnoregio, il mistero della libertà è intimamente connesso con il mistero dell'unione sostanziale di ragione e volontà. Francesco Agnoli fa bene a dire che nella scelta non è coinvolta solo la volontà, ma anche l'intelligenza. Per Bonaventura, infatti, non solo ragione e volontà sono inseparabili dall'unica essenza dell'anima umana, ma il libero arbitrio è definito come una «una capacità operativa della ragione e della volontà» (nel *Breviloquium*) e, dunque, il Dottore esclude che possa esserci libero arbitrio, laddove una delle due facoltà – ragione o volontà – sia assente.

L'evidenza stessa, pertanto, associa il male (o il bene) alle persone. Seppure quando si parla di angeli o di demoni – o anche di Dio stesso – è giocoforza confrontarsi alla Rivelazione, tuttavia la questione può essere intuita anche mediante la semplice speculazione naturale. La stessa teologia è una sintesi del dato rivelato e della speculazione filosofica. Se però nemmeno l'evidenza dovesse bastare ad alcuni, allora questi farebbero bene a chiedersi a chi mai si riferisce la Scrittura, quando descrive il «principe di questo mondo», il «principe della potestà dell'aria», l'«omicida fin da principio», il «tentatore», il «padre della menzogna», il «serpente antico», il «calunniatore», l'«anticristo» – e altri epiteti consimili.

Nicola Cusano. Aspetti filosofici e teologici

Tra gli estimatori della sapienza, intesa come «*sapida scientia*» - come scienza «salata», non insipida - è da ricordare l'umanista Nicola Cusano (1401-1464), del quale ricorre il 550° anno dalla morte. Ne "La caccia della sapienza" ("*De venatione sapientiae*", 1462), che è un po' una *summa* del suo pensiero, il Cusano afferma che «da un desiderio segreto della nostra natura noi siamo stimolati a possedere non solamente la scienza, ma anche la sapienza, cioè la scienza più sapida». L'autore intuisce che sapere è «*sàpere*», ovvero la capacità di rendere all'intelligenza la sapidità, come quella di un cibo gustoso. E, difatti, si tratta proprio di una questione nutrizionale: «La nostra natura intellettuale» - scrive Cusano - «non può ristorarsi altro che con il nutrimento proprio della vita intellettuale» e la sapienza «è cibo immortale che nutre immortalmente» (tr. dal latino di Graziella Federici Vescovini, nell'edizione Piemme, 1998).

Una personalità vulcanica

Nikolaus Krebs (o Chrypffs) fu un chierico tedesco nato a Kues, presso Treviri. Da Kues (Cusa) deriva la latinizzazione del nome in Niccolò o Nicola da Cusa, contratto in Cusano. Di formazione occamista, dopo gli studi universitari a Padova, è ordinato sacerdote in Germania, poco più che trentenne. Da allora inizia per lui una carriera ecclesiastica in continua ascesa: decano al Concilio di Basilea, Ferrara e Firenze (1433), ambasciatore pontificio a Costantinopoli (1437), camerlengo (1447), legato apostolico in Germania (1449), cardinale (1450), vicario del papa (1459). Senza contare gli uffici ecclesiastici ricevuti. Canonico a Treviri, decano a Oberwesel, prevosto a Magdeburgo: si contano più di venti incarichi di questo genere, in meno di quarant'anni. Muore a Todi nel 1464, impegnato in una raccolta di truppe, a favore della crociata allestita dal pontefice - amico e coetaneo - Pio II (Enea Silvio Piccolomini, 1405-1464).
La vita del Cusano è legata a frequenti spostamenti. Divorato da una passione invincibile per lo studio e la ricerca, varca le soglie di alcune delle biblioteche sparse in Europa, per recuperare antichi codici di autori classici greci e latini. L'Umanesimo del Trecento e del Quattrocento è infatti tutto un brulicare di studi, soprattutto letterari e storici, sotteso a un imponente lavoro di trascrizione dei testi, per una riscoperta e un'attualizzazione del mondo classico e dei suoi valori.

L'opera e i desideri

Ma Cusano non è propriamente un letterato. La produzione è vastissima e comprende anche opere di matematica pura. E non si limita a scrivere. Inventa l'igrometro (per la misura dell'umidità dell'aria) e la lente concava, che corregge la miopia. La logica è però, per certi aspetti, il sostegno e il limite della sua speculazione. Ne "La dotta ignoranza" ("*De docta ignorantia*", 1440), forse il suo tomo filosofico più noto, egli assume una posizione quasi paradossale di richiesta irrinunciabile, ma scettica, circa la portata conoscitiva umana, anche dovuta al fatto di un'impossibilità oggettiva della pura logica ad approcciare l'infinito (Dio) o il numero infinito (delle cose). Certamente l'orizzonte di Cusano - o, se vogliamo, la preda ambita dal vero cacciatore della sapienza - è Dio e non può ridursi alla finitezza del cosmo. E certamente la «*scientia*» mondana non può che

essere, per lui, un preambolo della continua ricerca della «*scientia Dei*». Ma, in effetti, attorno al problema della conoscenza di Dio, Cusano non riesce ad abbandonare la situazione esistenziale umana di una perenne ricerca («*docta*»), senza poter approdare concretamente ad alcuna certezza razionale sull'Assoluto e, dunque, senza mai catturare la preda («*ignorantia*»).
Ciononostante, Cusano investe parecchie energie alla causa di Dio e della sua Chiesa. Tenta, per quanto gli è possibile, una mediazione tra la Chiesa cattolica e l'ortodossia greca, in occasione del Concilio di Basilea, Ferrara e Firenze (1417-1431). Nel "*De pace fidei*" ("La pace nella fede", 1453), entusiasta per la possibile ricomposizione dello scisma tra la Chiesa di Roma e quella di Costantinopoli, propone un «rimedio appropriato», che si fonda sul dialogo teologico tra le diverse confessioni, escludendo però a priori ogni possibile negazione delle differenze. Quanto al problema del «conciliarismo», che a causa dell'elezione di alcuni antipapi aveva portano la maggioranza dei padri a supporre una superiorità dei concili sull'autorità pontificia, il Cusano si esprime a favore del primato petrino, dopo un primo periodo in cui aveva assunto una posizione semi-conciliarista (nel "*De concordantia catholica*", 1433).
Nicola da Cusa si esprime anche sulla teologia, con diverse opere e opuscoli. Nel "*De idiota*" (in quattro libri, 1450) e nel "*De ludo globi*" ("Il gioco della palla", 1460) egli studia in profondità la teoria sulla conoscenza, sulle capacità della mente, sulla formazione dei concetti e ribadisce i temi della dotta ignoranza. Scrive anche di astronomia, esegesi, ecclesiologia e mistica.

Il pensiero

Cusano è dunque, in sintesi, quello che oggi intendiamo con la parola 'scienziato'. Non è certo il primo scienziato dei suoi tempi. Quando Niccolò viene al mondo, sono già morti da diversi decenni Leonardo Fibonacci (matematico, 1170-1250), Roberto Grossatesta (fisico e teologo, 1175-1253), Ruggero Bacone (fisico, logico e matematico, 1214-1294) o Giovanni Buridano (astronomo e logico, 1290-1358). Si evita spesso di menzionare queste figure insigni e si ripete, di solito, che la scienza moderna, fondata sull'esperimento, sia nata con Galileo Galilei (1564-1642). Come ogni scienziato, Cusano dà la caccia al sapere con ogni cura per la «*praecisio*» (precisione), dando piena adesione alla via moderna della speculazione. Già Duns Scoto (1265-1308) e Guglielmo di Ockham (1288-1349) avevano di fatto indebolito l'impianto metafisico aristotelico e tomista legato all'«analogia» dell'essere per il quale, ad esempio, il termine "padre" può essere applicato tanto a Dio quanto all'uomo, pur dicendo l'essere Dio altra cosa dell'essere uomo.
In qualche modo Scoto e Ockham - e dunque Cusano - ritennero l'analogia non sufficientemente precisa alla conoscenza e la rimpiazzarono con una ricerca frenetica dell'«univocità». Così pure Cartesio, duecento anni dopo il Cusano, fu ossessionato da una filosofia fondata su «idee chiare e distinte», come se l'analogia dell'essere portasse a concetti equivoci e indistinti. Nicola da Cusa, nel "*De docta ignorantia*" o altrove, ipotizza una conoscenza dell'Assoluto (di Dio) per gradi, per comparazione continua e inesauribile di certezze legate alle cose finite con il mistero divino. Certamente, a suo parere, Dio chiama l'uomo per essere ricercato e trovato ma, di fatto, l'uomo non può mai trovarlo: può solo avvicinarlo, per «congetture» o successivi gradi di

approssimazione. Il Dio di Cusano è accessibile solo per via di negazione. Di Dio si può dire solo ciò che non è: infinito (non finito), incausato (non causato) o immutabile (non mutabile).
Sulla via speculativa moderna, quindi, si aprono ampi spazi per lo scetticismo e per il dubbio, nonostante l'affannosa ricerca di chiarezza e precisione. Il Cusano non riesce a sottrarsi ad una concezione della verità conoscibile soltanto per «*figura et aenigmate*» (per somiglianza confusa), forzando però il pensiero di san Paolo, che non escludeva la certezza sulla verità quando scrisse che adesso noi vediamo Dio «come in uno specchio e in maniera confusa» («*per speculum in aenigmate*», 1Cor 13, 12).

Aspetti paradossali della via moderna

Si scava allora lentamente, sulla via moderna, un solco tra la ragione - che non riesce a ritenere certezze - e la fede, che tuttavia continua provvidenzialmente ad assicurare un apporto di senso e certezza su Dio. Il Cusano stesso giunge inesorabilmente ad un paradosso logico. Comprende l'arcana unitarietà del Tutto - di Dio come del cosmo - e, per questo, concepisce il cosmo «complicato» (incluso) in Dio, per cui tutte le cose «sono Dio in Dio». Nella creazione il cosmo viene «esplicato» dal Creatore e, per questo motivo, Dio è in tutte le cose. È lo stesso Cusano a rendersi conto che un tale ragionamento potrebbe portare a pensare che Dio e il mondo coincidano (panteismo). Tenta di rimediare, dicendo che il mondo è «contratto», ovvero che l'infinità di Dio è altra cosa dall'infinità del mondo. Ma in tal modo, se da una parte egli rendeva infinita la distanza tra Creatore e creatura, dall'altra ora sembra che l'azzeri.
Lo scetticismo, poi, è fonte d'irrequietezza. Alfredo Cattabiani scrisse (in un articolo del 2010) che alla presenza dell'amico e papa Pio II, Nicola Cusano «scoppiò a piangere» dopo essersi lamentato con lui: «Qui sono del tutto inutile» - disse - e «ti dirò che non mi piace niente di ciò che si fa in questa Curia». Se qualche volta parlo «vengo deriso». Gli rispose il Piccolomini: «Tutta la tua irrequietudine ha origine in te stesso. Dovunque andrai, il tuo animo ti suggerirà nuove ragioni di turbamento e in nessun luogo sarai tranquillo».

Printed by Books on Demand GmbH, Norderstedt / Germany